Gebrauchsanweisung für die Welt

Andreas Altmann

Gebrauchsanweisung für die Welt

Piper München Zürich

www.cpibooks.de/klimaneutral

Mehr über unsere Autoren und Bücher:
www.piper.de

Dank an Stefan Willeke für die Abdruckgenehmigung seines Zitats auf Seite 177, an die Verlagsgruppe Random House für die Genehmigung des Abdrucks aus Sebastian Jungers »War. Ein Jahr im Krieg (Karl Blessing Verlag 2010; Übersetzung: Teja Schwaner)« auf Seite 183 und an den Suhrkamp Verlag für die Erlaubnis zum Abdruck der beiden Gedichtstrophen von Bertolt Brecht aus »Ich, der ich nichts mehr liebe« und aus »Als ich nachher von dir ging« auf den Seiten 17 und 56, zitiert nach: Bertolt Brecht, Werke. Große kommentierte Berliner und Frankfurter Ausgabe, Band 14 bzw. 15, © Bert-Brecht-Erben/Suhrkamp 1993.

ISBN 978-3-492-27608-5
© Piper Verlag GmbH, München 2012
3. Auflage 2012
Satz: le-tex publishing services GmbH, Leipzig
FSC-Papier: Munken Premium von Arctic Paper Munkedals AB, Schweden
Druck und Bindung: CPI – Clausen & Bosse, Leck
Printed in Germany

Andreas Altmann

Gebrauchsanweisung für die Welt

Piper München Zürich

www.cpibooks.de/klimaneutral

Mehr über unsere Autoren und Bücher:
www.piper.de

Dank an Stefan Willeke für die Abdruckgenehmigung seines Zitats auf
Seite 177, an die Verlagsgruppe Random House für die Genehmigung des
Abdrucks aus Sebastian Jungers »War. Ein Jahr im Krieg (Karl Blessing
Verlag 2010; Übersetzung: Teja Schwaner)« auf Seite 183 und an den
Suhrkamp Verlag für die Erlaubnis zum Abdruck der beiden Gedicht-
strophen von Bertolt Brecht aus »Ich, der ich nichts mehr liebe« und aus
»Als ich nachher von dir ging« auf den Seiten 17 und 56, zitiert nach:
Bertolt Brecht, Werke. Große kommentierte Berliner und Frankfurter
Ausgabe, Band 14 bzw. 15, © Bert-Brecht-Erben/Suhrkamp 1993.

ISBN 978-3-492-27608-5
© Piper Verlag GmbH, München 2012
3. Auflage 2012
Satz: le-tex publishing services GmbH, Leipzig
FSC-Papier: Munken Premium von Arctic Paper Munkedals AB,
Schweden
Druck und Bindung: CPI – Clausen & Bosse, Leck
Printed in Germany

*Ich möchte gern in dieser holprigen Welt Sprünge machen,
von denen man erzählen soll.*

Friedrich Schiller

Es ist heute!

Grußwort der Aborigines

I came so far for beauty.

Leonhard Cohen

Das Buch ist all jenen gewidmet, die mir irgendwann, irgendwo auf dieser Welt etwas geschenkt haben: ihr heiteres Lächeln, ein unbekümmertes Ja, einen Blick in ihre verwundete Seele, eine Weisheit, eine Vergnügtheit, bisweilen die Schönheit und Wärme ihrer Haut, ja, mir die Innigsten von allen ein Wort mitgaben, so unüberhörbar und bewegend wie das Flüstern einer ersehnten Frau. – Und ich seitdem diese Wörter mit mir herumtrage: wie einen Herzschrittmacher aus luftleichten Buchstaben.

Inhalt

Vorwort	11
Der Anfang	15
Wer bin ich? Der blöde Tourist? Der tolle Reisende?	22
Der magische Moment	29
Der magische Moment: Afrika 1	31
Fremde Sprachen	34
Freundlichkeit	41
Der magische Moment: Afrika 2	48
Der Ranzen	52
Tricks	59
Der magische Moment: Asien 1	75
Der Körper	79
Fortbewegungsmittel	86
Der magische Moment: Asien 2	96
Drogen	101
Wetter	113
Der magische Moment: Nordamerika	117
Rassismus, Dummheit und göttliche Anmaßung	122

Eros	**129**
Der magische Moment: Europa	**136**
Essen	**140**
Fragen	**143**
Der magische Moment: Ozeanien	**145**
Moderne Zeiten	**151**
Wüste	**157**
Der magische Moment: Indien	**164**
Reisen und Schreiben	**169**
Gefahr, Angst und Gewalt	**179**
Der magische Moment: Südamerika	**193**
Der Abschied	**198**
Ein Nachwort	**212**

Vorwort

Kürzlich las ich einen Artikel über Martin M. Der Neunzehn-
jährige war bislang nur als Faultier aufgefallen. Immerhin hatte
er sich inzwischen die verbale Munition zurechtgelegt, um
sein träges Dasein zu rechtfertigen: »Die Scheiß-Merkel, die
Scheiß-Gesellschaft, alles scheiße.« Sogar vor der Hauptschule
war er davongelaufen. Seitdem siechte er vor der Glotze, strei-
chelte den Hund, versteckte seine faulen Zähne hinter einem
gepressten Lächeln und lebte von Hartz IV. Bis er – uner-
reichbar für jedes Angebot – »auf Null gesetzt« wurde. Damit
er nicht verhungerte, gab es Lebensmittelgutscheine. Die er
nie abholte. Sicher zu viel Stress, sicher zu früh aufstehen.
Lebte er doch bei Mutti. Als Muttersöhnchen. Er war der
»no-future-no-bock-no-nothing-man«. Er brauche, sagte er
noch, »jeden Tag eine Adrenalinspritze«. Aber die könne der
Staat ihm nicht bieten. Wie wahr!

Armer M. M., er hat wohl noch nie von der Welt gehört,
nie und nimmer vom Reisen in die Welt. Existiert doch kaum
etwas anderes im Universum, das mehr Kicks verschafft, als
Abhauen und Abheben. Adrenalinbomben würden auf ihn
niedergehen, ein Herzflimmern nach dem anderen ihn jagen.

Besteht beim Starren auf einen Plasmaschirm die tägliche Gefahr, dass die Hirnrinde schmilzt, so wird ein Reisender jeden Tag reicher: weltreicher, geistreicher, geheimnisreicher. Er lebt ja, ranzt nicht als Kartoffelsack auf seiner Couch. Ob Martin je aufwacht? Oder schmiedet er weiter unbelehrbar sein Unglück?

Soll keiner ihn in Schutz nehmen und behaupten, ohne Geld ginge nichts. Warum macht er es nicht wie andere 19-jährige Unersättliche, geht zur nächsten Kreuzung und streckt den Daumen raus? Und zwängt sich hinten rein, schnorrt, bettelt und lügt das Blaue vom Himmel herunter? Nur um vom Fleck zu kommen. Jede Art des Reisens ist ein Weg der Welterkenntnis. Ob im Fond eines Trabis (ich war dabei) oder als beinloser Invalide in einer Sänfte (in Kaschmir gesehen). Nur wach muss einer sein. Weltwach. Nur platzen vor Neugierde.

Ich mag den Gedanken vom Reisen als Fluchtbewegung. Lieber verduften als zum Trainieren eines öden Berufs antreten. Lieber Streuner werden als Büroleiche. So ist mir Martin M. auf kuriose Weise sympathisch. Weil er sich weigert, als Massenartikel zu enden. Ich schelte ihn nur, um ihn von der Couch zu jagen: hinaus ins Leben.

Lieber flüchten, um der Niedertracht des Alltags zu entkommen, dem Geheul der Wachstumsnarren und ihren penetranten Aufrufen zum Anhäufen von Klimbim. Nie habe ich einen dieser Marktschreier plärren hören: »Lasst euer Hirn anschwellen! Mehrt euren Mut! Werdet tapferer! Verschwendet mehr Liebe! Vögelt inniger! Steigert euren Empathie-Quotienten! Vervielfacht eure Sehnsucht nach den – André Gide hat darauf bestanden – *émotions fortes*, den starken Gefühlen! Ja, denkt mehr! Lest mehr! Spürt mehr!« Nie gehört. Nur ihren ultimativen Krimskrams wollen sie loswerden, dessen Erwerb die Glücksspanne von fünf Minuten nicht überschreitet.

Wie cool kommt da ein Reisender daher. Sein Ziel ist die Welt und dafür braucht er nicht mehr als vierzehn, fünfzehn

Kilo. Die er sich genau überlegt. Weil er sie jeden Tag auf dem Buckel tragen muss. Und so schleichen die einen davon, während die Müllmänner und Müllfrauen – all jene eben, die gern Müll shoppen – zurück in ihrem Viel-Tonnen-Haus bleiben, vor der Fünf-Tonnen-Garage, der Zwei-Tonnen-Blechkuh, ja, sie selbst – die unbeweglichen Stubenhocker – schon zur Tonne mutierten: Weil so viel Besitz keinen Auslauf mehr erlaubt, weil er bewacht, umzäunt, diebstahlversichert, wasserversichert, feuerversichert, sturmversichert, alarmknöpfe-vermint, ja abgestaubt, neu gestrichen, frisch geschmiert, vertieft, erweitert, vergrößert werden muss. Damit sie im Kuhdorf Quakenbrück (nur ein Beispiel) jeden Tag um die Wette protzen können: Wer hat am dümmsten seine Lebenszeit vertan? Wer stirbt als Erster an Raffsucht? Wer will der Reichste auf dem Friedhof sein? Wer hat noch immer nicht kapiert, dass hinter Quakenbrück die Welt anfängt?

Früher, in anderen Jahrhunderten, galt als weise, wer der Welt den Rücken zukehrte. Um ihr, dem christlichen »Jammertal«, zu entkommen. Heute wissen wir, dass wir außer diesem Planeten nichts haben. Ans »Jenseits« glauben nur noch jene, die auch im Himmel gern als Schaf auftreten. Das Himmelreich des Reisenden ist das Diesseits: die magische Kugel, die so viele magische Blicke auf sie erlaubt.

Wohl dem, der sich mit einem Freundschaftsvertrag auf den Weg macht. Die Erde als Freund. Den ich nicht ausbeute, den ich mir nicht »untertan« mache, von dem ich nur jeden Tag weiß, dass ich seiner Großzügigkeit mein Überleben verdanke. Wie pathetisch sich das anhört. Dabei erzähle ich nichts als die Wahrheit.

Novalis meinte einmal, die Welt müsse »romantisiert« werden. Um sich der Trivialität des Lebens zu widersetzen. Unterwegssein ist ein grandioses Mittel, um das zu finden, was die Engländer *romance* nennen, den Swing. Es hat nichts mit dem deutschen Wort »Romanze«, Liebesgeschichte, zu tun. Oder nur am Rande. *Romance* ist ein anderes Wort für Ergriffensein, für Lebenslust, für das Beste, was einem gerade passiert. Als Junge las ich in einem Unterrichtsbuch die Stelle: »He loves the romance of travelling on a steam train.« – »*He*« war ein Engländer aus dem neunzehnten Jahrhundert, der die Geräusche eines fahrenden Zuges liebte, das Dahinrauschen, den Blick nach vorn auf eine wild fauchende Dampflok.

So sollte man diese Gebrauchsanweisung eher als einen Tanzkurs verstehen. Dort lernt man sich drehen und wiegen. Schritt für Schritt. Und irgendwann hat man den Takt intus, vertraut dem Körper und seiner Weisheit und pfeift auf die Regeln und – verfällt der Musik. »Es« tanzt. So soll der Leser am Schluss auf das Buch pfeifen. Weil das Gift der Verführung schon wirkt. Und er – auf eigene Faust, nach eigenem Gutdünken – hinaus in die Welt rennt. Die Grundregeln hat er ja verstanden. Jetzt muss er seiner Intuition vertrauen, seinem Verstand, sich. Deshalb klingt das Wort Gebrauchsanweisung eher irritierend. Die Welt *gebrauchen*, dazu will ich niemanden anstiften. »Leitfaden zum Bestaunen der Welt«, das würde passen. Oder »Kleines Handbuch zur Enträtselung eines Weltwunders«, auch das leuchtet ein. Selbst wenn der Satz eine Nuance großspurig klingt. Denn so viele Rätsel hat die Welt und nur von einer Handvoll der tausendundein Mal tausendundeinem soll hier die Rede sein. Ohne je auf die Idee zu kommen, auf nur ein einziges eine erschöpfende Antwort zu wissen. Was für fade Rätselhaftigkeiten wären das, wenn sie gelöst werden könnten.

Friedrich Hölderlin schrieb einmal: »Schönes Leben! Du lebst.« Wie ein Brandzeichen sollte man sich die vier Wörter ins Herz stanzen. Als Erkennungszeichen für all jene, die sich mit der Gabe der Verwunderung auf den Weg machen.

Der Anfang

Als ich als Jugendlicher in einer Fabrik arbeitete, bemerkte ich eines Morgens ein paar Meter neben mir eine Frau. Unvergessliche Frau. Wie ein Mahnmal habe ich sie seither abgespeichert. Sie stand am Fließband, hielt in der rechten Hand einen elektrisch betriebenen Schraubenzieher und zog an jedem vorbeikommenden Backrohr eine Schraube an. Eine, immer dieselbe. Dann kam der nächste Kasten. Wieder ran, wieder schrauben.

Das Wunderlichste: Ihre Augen waren geschlossen. Als ich sie irgendwann über das seltsame Verhalten befragte, gab sie zwei Antworten. Die erste klang banal: »Ich kenne ja jede Bewegung auswendig.« Doch die zweite hätte zu einer Nihilistin gepasst: »Ich will den Stumpfsinn meiner Arbeit nicht sehen.« Seit dreizehn Jahren war sie die Ein-Schrauben-Frau. Das Bizarrste: Sie hatte sich arrangiert, wollte von einer Fortbildung, die ihr angeboten worden war, nichts wissen. Sie traue sich nicht, sagte sie noch. Verwunderlich, denn sie schien nicht dumm, nicht hirnlos.

Ah, die Routine. Sie ist eines der gefährlicheren Gifte. Vor dem keiner von uns gefeit ist. Sie ist der Erzfeind der Neugier, sie ist das träge Fleisch, der innere Schweinehund, eine wahre Massenvernichtungswaffe. Nicht nachzuzählen, was sie alles an Vorsätzen, Träumen, an Ausbruchsversuchen und Hoffnungen zunichtegemacht hat. Hinter ihrer Wucht steckt eine kosmische Macht: das von Isaac Newton entdeckte »Gesetz der Gravitation«, eine der Urkräfte, die das Universum zusammenhält. Deshalb zerschellt ein Flugzeug am Boden und nicht im Himmel. Deshalb rinnen Tränen wangenabwärts. Und deshalb bleiben wir lieber hocken, als den Sirenenrufen unserer Sehnsucht zu folgen.

Weiß jemand eine Tat, die radikaler mit allen Gewohnheiten bricht, als wegzugehen? Fortzureisen? Ich habe eine lange Liste parat, auf der nachzulesen ist, wie schnell und rabiat sich Zustände – für Reisende – ändern können. Hin zum schwer Zumutbaren. Hier ein paar Auszüge:

Wärme gegen Kälte tauschen müssen: Kein Zähneputzen in Sibirien, da die Wasserhähne eingefroren sind. Oder Vertrautes gegen Angst: In der Wüste eineinhalb Tage herumstehen und auf den einen warten, der den Weg weiß. Oder Deutsch gegen Vietnamesisch: Eine halbe Stunde lang einem Dutzend Taxifahrern pantomimisch vorturnen, dass man ein Hotel sucht. Oder Freunde gegen Raubritter: Drei kolumbianischen Hundesöhnen zuschauen, wie sie nach meiner Börse greifen. Oder Mühelosigkeit gegen das täglich Ungewisse: Eine knappe Woche neben einer afrikanischen Grenze lungern, weil der erste Gangster des Landes, der nebenberuflich als Präsident fungierte, gerade mit dem Niederschießen seiner Gegner beschäftigt war. Oder zwei Nutella-Morgensemmeln gegen einen gepökelten Schafskopf: In Timbuktu war ich ein Held, der sich nicht Nein zu sagen traute. Oder die Daunendecke gegen Betttücher mit Löchern und Läusen: um hinterher nur mit einer Totalrasur den Bestien zu entkommen. Oder den Morgenkaffee gegen scheußlich grünen Tee: Länder ohne Kaffeehäuser gehören auf die schwarze Liste. Oder die Haut einer Geliebten gegen die Einsamkeit ägyptischer Provinzhotels: wo Rezeptionisten gleichzeitig als Tugendwächter aushelfen. Oder den Seelenfrieden gegen Schweißperlen: weil der Bus über eine Brücke rollte, die schon einmal wegen Materialschwäche nachgegeben hatte. Oder das einwandfrei funktionierende Immunsystem gegen die (siegreichen) Attacken asiatischer Viren: um sich anschließend sechs Monate in einem Tropeninstitut kurieren zu lassen.

Wie ein Ruf der Kassandra hört es sich an, wenn ich den sibirischen Mundgeruch erwähne, die Bazillen, das Geziefer, die Staatsdiener-Schurken, die verschwundenen Busse, die windigen Zeitgenossen, die Wüsten-Sonnenbrände, die Sprachlosigkeit und – vehement die Lebensfreude mindernd – die Durchfall-Debakel, die erbärmlichen, die unerbittlich in die Hose gehen.

Nun, gegen alle Bedenken haben die Franzosen einen Satz erfunden, der davor schützen soll, zum Duckmäuser zu regredieren: »Le pire n'est jamais sûr!«, das Schlimmste ist niemals sicher, sprich: Wer sich traut, davonzugehen, traut, sich der Schwerkraft der Lauschigkeit zu widersetzen, der wird belohnt. Unter der Bedingung, dass er etwas Entscheidendes lernt: a) dass die Wirklichkeit bisweilen nicht zu ändern ist und b) dass sie oft andere Möglichkeiten bereithält. Bert Brecht hat das in einer Gedichtstrophe poetisch und drängend beschrieben:

Ich, der ich nichts mehr liebe
Als die Unzufriedenheit mit dem Änderbaren
Hasse auch nichts mehr
Als die tiefe Unzufriedenheit mit dem Unveränderlichen.

Hier ein Beispiel, mitten aus dem Leben: Ich sitze im Wartezimmer einer Botschaft, in Afrika. Ich benötige ein Visum. Das ich nicht bekomme. Obwohl meine Papiere in Ordnung sind. Nachfragen ersticken in Gegenfragen: »Warum wollen Sie dorthin reisen?« oder, noch schwachsinniger: »Was ist Ihre

Mission?« Ich habe Lust zu antworten: »To kill the president!«
Damit der Mann aufhört, als Schwerverbrecher weiter sein
Unwesen zu treiben. Aber »no mission« ist noch verdächti-
ger als »Yes, I do have a mission.« Denn dann würde klar, dass
ich meinen Geheimauftrag verschweige. Als gewitzter Reisender kennt man solche Szenen. Absurdes Theater in Echt-
zeit. Da andere mit im Büro sitzen, kann ich den Verantwort-
lichen nicht fragen, ob ich zu wenig Scheine in den Pass gelegt
habe. Vielleicht liegt es daran.

Jetzt brauche ich so vieles: die Einsicht, dass ich, vorläufig zumindest, dieses Ziel vergessen muss. Denn bei sturen
Beamten – der Satz gilt weltweit – kommen vernunftbegabte
Hinweise nicht an. Sturheit obsiegt, sie scheint bis auf den
heutigen Tag unheilbar. Und natürlich brauche ich Glück,
das auch. Und mein Glück an diesem Oktobertag ist eine
Frau, die ebenfalls im Wartezimmer sitzt, ebenfalls kein Visum
bekommt und auch von keiner anderen Mission weiß als ihrer
Lust auf Welterfahrung.

Unser geteiltes Leid wird zur doppelten Freude. Denn wir
beschließen, bei der Nachbarbotschaft anzuklopfen und dort
um ein Visum fürs Nachbarland zu bitten. Wo unser Wunsch
erhört wird. Weil sie hier hell und freundlich und effizient
sind. Das hat sicher damit zu tun, dass ihr oberster Chef kein
Krimineller ist, sondern ein bemühter Herr, der noch nie als
Unhold und Mega-Kleptomane von sich reden machte. Und
die Frau wird sich als Glücksfall erweisen, denn wir ziehen
nun gemeinsam weiter.

Um uns nach kurzer Zeit wieder zu trennen. Wir müssen,
aus beruflichen Gründen. Aber nun bin ich um diese Woche
klüger als zuvor. Wegen ihr, wegen diesem Land. Soll keiner sagen, dass Umwege-Gehen und Sturheit-Erdulden keine
Dividenden abwerfen.

Ganz typisch jedoch: Als ich von Cilla fortging, kam die
Unruhe. Denn schon hatte ich mich an sie gewöhnt, ihren
Sprachwitz, ihren »inquisitive mind«, ihr ruhiges Selbstver-

18

trauen. Doch am achten Tag war das alles verschwunden. Bin eben nur Mensch, kann mich nicht kaltstellen auf Kommando, kann nicht sogleich auf null zurückfahren.

In solchen Augenblicken hole ich ein Bild aus meinem virtuellen Speicher. Das ich schon so oft gesehen habe, ja jedes Mal wieder sehe, wenn ich eine Metrostation betrete. Das Bild zeigt einen Schaffner, der seit zwanzig oder dreißig Jahren durch die dunklen Löcher von Paris fährt. Und ich denke sogleich, dass er eine Million Euro verdienen müsste. Pro Woche, sprich 52 ½ Mal im Jahr. Weil er dieses Leben auf sich nimmt. Eines ohne Überraschungen, ohne je die geringste Aussicht auf Neuigkeiten. Er sieht immer nur schwarz. Und alle paar Hundert Meter viele Menschen, von denen niemand ihn bemerkt. Sein Beruf ist ungemein nützlich und skandalös unmenschlich. Hinter keiner Ecke lauert etwas Verblüffendes. Er kennt jedes Spinnennetz, jede Gleisschiene, jedes Neonlicht. Er ist der absolute Antipode zum Reisenden. Obwohl er möglicherweise mehr Kilometer zurücklegt als jeder andere.

Wie widersprüchlich sich das anhört, aber die Erinnerung an den Metromann erleichtert mein Herz. Weil es wieder weiß, dass es keine Alternative zur Neugierde gibt. Nur schwarze Löcher. Dann halte ich das Anfangen wieder aus, dann kommen die Mutreserven zurück. Ja, diese Neugierde ist die einzige Gier, die glitzert, die stachelt, die wie der Atem einer/eines Geliebten die Lebensgeister in Aufregung versetzt.

Noch ein Exempel zum Thema. Ein Nachmittag am Flughafen von Neu-Delhi. Wieder ein Abschied. Nachdem ich ein letztes Mal gewunken hatte, musste ich mich setzen. So bitterschwarz überschwemmte mich plötzlich das Gefühl von Alleinsein. Als ginge das Leben jetzt nicht weiter. Ohne den anderen. Erstaunlich, wie oft uns die Angst hinters Licht führt.

Bedrückt checkte ich ein, flog nach Afghanistan und – das Leben ging weiter. Keine 24 Stunden später passierte dieser rätselhafte Moment und ich akzeptierte die neue Umgebung.

Das Schwere löste sich und das Leichte kam zurück. Ich spürte an allen Ecken und Enden meines Körpers, dass ich wieder in der Gegenwart aufgetaucht war. Dass ich da war, wo ich sein wollte. Und mich nicht nach der Vergangenheit sehnte, die nicht vorhanden war.

Das ist eine der tiefsten Erfahrungen, die einem Reisenden zustoßen können. Weil er damit die absolute Grundwahrheit begriffen hat: Jetzt! Jetzt am Leben sein, jetzt nicht träumen von Zuständen, die in der Realität augenblicklich nicht vorkommen. Wer diese Fertigkeit trainiert, trainiert sein Leben.

Einer meiner Lehrmeister war »Viktor IV.«, der 1929 als Amerikaner mit dem deutschen Namen Walter Karl Glück geboren wurde. In New York. Er lernte fotografieren, wurde Eisverkäufer und Rettungsschwimmer, tingelte mit einem VW-Bus durch Europa. Bis er in Amsterdam landete, sich ein Hausboot besorgte und Künstler wurde. Ein richtiger, ein anerkannter, noch heute kann man seine Werke via Internet kaufen. Ende der 70er-Jahre hatte ich ihn beim Streunen durch die Stadt entdeckt. Ein paar Jahre später rammte er – bei Reparaturarbeiten unter Wasser – seinen prächtigen Schädel in einen Nagel. Tod auf der Stelle.

Als ich Viktor zum ersten Mal sah, hämmerte er gerade eines seiner Konstrukte zusammen und lud mich ein. (Na ja, ich lud mich ein.) Sein mit Sträuchern und *grass* – sic! – überwuchertes Schiff hatte er nach einem anderen Außenseiter benannt, nach Henry David Thoreau. Der Schriftsteller hatte schon im neunzehnten Jahrhundert zum eigenständigen (und ungehorsamen) Denken und Handeln aufgerufen. Als erste bürgerliche Pflicht.

Viktor war auf unheimliche Weise gegenwärtig. Alles, was er tat, erledigte er mit ganzer Hingabe. Und wäre es das Einschenken (grässlich) bitterer Sojamilch gewesen. Von ihm bekam ich das nie zuvor gehörte englische Wort »mindfulness« geschenkt, wohl am genauesten mit »Achtsamkeit« zu übersetzen. Wie zur Bestätigung trug er am Handgelenk seine neueste Erfindung. Das Furioseste an der Uhr war das Zifferblatt, mit nur drei Buchstaben, sonst nichts. Welche Zeit es auch anzeigte, es war die absolut richtige: *NOW*. »It's my favorite time«, sagte er grinsend. Damals, noch Jahre, bevor seine Zeit um war.

Wer bin ich? Der blöde Tourist? Der tolle Reisende?

Zuerst etwas Grundsätzliches: Man muss nicht reisen, um ein einigermaßen geglücktes Leben zu führen. Gewiss nicht. Auch zu Hause kann man sich bewähren. Kann an Herausforderungen wachsen. Aber Reisen macht es einem möglicherweise leichter, zu dem Leben zu finden, das man will. Ich spitze nur dann die Ohren, wenn notorisch Unbewegliche – gestärkt von volksnaher Küchenpsychologie – von »Flucht« und »Verantwortungslosigkeit« plappern. Wenn sie über uns reden, die Auf-und-Davons. Die wir ja lieber entschwinden, als uns den »Pflichten des Lebens« zu stellen. So erhaben glauben die Sitzenbleiber Recht zu sprechen. Sie fordern uns auf, es ihnen gleichzutun, sprich, ähnlich übersichtlich und zaghaft wie sie das Leben hinter uns zu bringen.

Woher nehmen sie diese Impertinenz? Vielleicht: Weil sie vor langer Zeit von einer anderen Zukunft träumten und schon bald die Träume verrieten. Um das auszuhalten – den Verrat, das Ducken, das Sicheinrichten in der Normalität –, holen sie mit der Moralkeule aus. Statt ihren Neid zuzugeben, statt den Schmerz einzugestehen, statt zu beichten: Ja, ich habe verschlafen!

22

Man zeige mir einen auf Erden, die letzten sechs Millionen Jahre Menschheitsgeschichte rauf und runter, der auf seinem Totenbett bereute, nicht mehr Zeit in seinem Büro-Kabuff verhockt zu haben. Einen, bitte, und ich widerrufe alles.

Wir Flüchtigen sind keine besseren Menschen, diese Behauptung wäre zu komisch. Auch nicht die Begabteren. Wir sind nur die Frustrierteren, die irgendwann den Frust nicht mehr aushielten – und die Konsequenzen zogen. Und abhauten.

Zurück zum Hauptthema. Ob es ein Wort gibt, das mehr Klischeebilder auslöst als der Begriff »Tourist«? Bibliotheken voller Bildbände könnte man mit ihm füllen: dem Zeitgenossen mit dem Frotteehut auf dem Kopf, dem beschrifteten T-Shirt (I❤NY), der Bauchtasche vor dem Bauch, der baumelnden Kamera, den Shorts, den schwer behaarten Waden, den Füßen, die – an halsbrecherischer Uneleganz nicht mehr zu toppen – weißbesockt in Sandalen stecken.

Das Gemeine an Klischees ist die Tatsache, dass sie oft unverschämt wahr sind. Wer hat noch nie die Hunderttausende gesehen, die ihre »schönsten Wochen des Jahres« in türkischen oder spanischen oder dominikanischen Hotelbunkern verbringen? Wo auch immer. Ich würde an die Herrschaften beim Einchecken gern Luftaufnahmen verteilen, sagen wir, von der Costa Blanca und von Kreta, je zwei Fotos, einmal vor dreißig Jahren aufgenommen, einmal brandneu. Damit sie den Ruin sehen, den die Massen und der Massentourismus an Mutter Erde zu verantworten haben. Der Beton als Markenzeichen, der Protz als Richtschnur, der gräulichste Geschmack gerade gräulich genug. Hier, so scheint es, wollen sie in Schafsherdengröße durchgeschleust, abgefüttert und gegrillt werden. Als Fleischberg. Ihre am Strand in den Himmel ragenden Plauzen sind – wie die Betonklötze hinter ihnen – gewiss Zeichen mustergültigen Wachstums.

Ich habe mir erlaubt, die letzten zwei Absätze mit der Axt zu schreiben. Damit dem magischen Wort »Reisen« seine

Magie nicht abhandenkommt. Und nicht im Getriebe der Unmasse versandet, das mit Reisen so viel zu tun hat wie eine Bahnhofs-Bockwurst mit den Zaubereien der Haute Cuisine.

Ein Blick auf die Geburtsstunde des Begriffs soll die Zustände ins rechte Licht rücken: Das germanische Wort »reisa« bedeutete »sich erheben«. Daraus wurde im Althochdeutschen »risen«, mit zwei scheinbar widersprüchlichen Bedeutungen: steigen *und* fallen, sprich, jeder Aufbruch war von zwei Grundgefühlen besetzt, dem Aufsteigen zu »höheren Sphären«, physisch und geistig. Und seinem Gegenteil: dem Fallen, den Ängsten, den herausfordernden Schwierigkeiten.

Es geht noch weiter. Das französische Wort »travail« (Arbeit) hat denselben Ursprung wie das englische »travel«, Reise. Reisen soll also mit Anstrengung zu tun haben. Soll dem Reisenden bewusst machen, dass er seine Kraft investieren muss, um dem Fremden, der Fremde, nahezukommen. Jeder hat das Recht, seinen Suchtquotienten bei »all-inclusive« einzuschläfern, sich zu rösten, bis aus seinem Bauchnabel ein Geysir zischt und das Hirn als Trockenfleisch im Liegestuhl zurückbleibt. Nur »Reisender« darf er sich nicht nennen. Selbstverständlich auch nicht »Tourist«, denn die Urbedeutung dieses Wortes kommt von »Drehung«, »drehen«. Nicht den Bauch, sondern die Füße: um an »Ereignissen und Vorgängen« teilzunehmen. Auch das klingt passabel.

Gehen wir noch zwei weiteren Missverständnissen aus dem Weg, denn wir reden hier vom Reisen als größerem Vorhaben. Von Herrn Hagenkeck sprechen wir nicht, der sich seinen besten Business-Anzug übergezogen hat, um von Memmingen nach Bremen zu fliegen. Weil dort Herr Li wartet, um mit Herrn H. die Lieferung von fünfzig Memminger Kanalrohren nach Singapur zu besprechen. Wir reden auch nicht von der hübschen Nathalie, die von Endersbach per S-Bahn nach Bad Cannstatt fährt, um dort ihre schwerhörige Großmutter zu besuchen. Nein, wir reden von einer Tat, die ins Unbekannte führen soll, dahin, wo weder der manierliche

Herr Li noch eine taube Omi auf uns warten. Ja, wir reden hier vom Reisen in seiner nobelsten Bedeutung. Das klingt ein bisschen pathetisch. Mit Absicht, denn so behält das Wort seine Muskeln.

Und hier der zweite Irrtum, dem keiner erliegen soll: Es ist eher belanglos, *wie* jemand unterwegs ist. Ob allein, ob zu zweit, ob in einer Gruppe, ob im knall-fluoreszierenden Outfit oder mit der (kurzen) Lederhose, ob gründlich vorbereitet oder spontan entschlossen, ob als Zwölfjähriger oder 112-Jähriger, ob Mann oder Frau, ob mit löchrigen Flip-Flops oder den neuesten TOD's, ob als abgebrochener Volksschüler oder zweifacher Doktor, ob mit dem Ranzen oder sieben Louis-Vuitton-Hutschachteln, ob per Fahrrad oder im Rollstuhl, ob mit drei Sous in der Tasche oder als Latifundienbesitzer, ob auf dem Dach oder in der »luxury class« der *Indian Railways*, ob als »Touri« oder »Traveller«, ob heimatverliebt oder Kosmopolit, alles Schall und Rauch, alles ohne Bedeutung. Alles. Denn nur ein Einziges entscheidet über den Wert einer Reise und den Sinn des Fortgehens: die mitgenommene Neugier, der Wissensdurst, die Freude am Entdecken, der Hunger nach allem.

Beweise: Ich habe schon frühgreise Halbwüchsige beobachtet, die zehntausend Kilometer geflogen sind, um sich Nachmittage lang vor der Hotelglotze zu räkeln und abends im Internet-Café stundenweise den Daheimgebliebenen von ihrem fetzigen Leben zu berichten. (»Oh, Mann, ich sag's dir, ein geiler Flecken ist das hier, total abgefahren, megakrasses Wetter, <grin>, der Florian.«)

Und umgekehrt stimmt es nicht weniger: Junge, die vor Wissbegierde strotzen. Die etwas sehen und nicht weiterleben wollen, ohne zu verstehen, was sie gesehen haben. Ich erinnere mich an ein Liebespaar, Amerikaner, die nach Afghanistan (!) gekommen waren, weil sie wissen wollten, wie das Land aussieht, in dem ihre Regierung Krieg führt. Er war Schauspieler, sie Studentin. Auch sie fragten, fragten, fragten.

Dann wieder: Wer kennt sie nicht, die 50-plus-Säcke, die sich zum Kübelweise-Heineken-Saufen in Fernost niederlassen. Links und rechts eskortiert von zwei Kindfrauen, von denen sie nichts anderes erfahren wollen als die Preise. Ein kostspieliges Leben. Denn inzwischen sind die Herren bei einer Hirnlosigkeit und einem Lebendgewicht angekommen, die zu keiner Gratisgabe mehr einladen. Anfassen kostet, Anfassen »unten« kostet mehr und »fuggi-fuggi« (auf Phuket-Englisch) kostet am meisten. Gut, auch sie reisen: von einem Freilichtpuff ins nächste, als Schnäppchenjäger auf der Suche nach den billigsten Huren und dem billigsten Bier.

Und noch ein Beispiel, noch ein Beweis dafür, dass Altsein oder Jungsein nichts bedeuten muss. In China bin ich einem Dutzend Greisen begegnet, alle aus Hamburg. Sie hatten sich einen Kleinbus gemietet, um durch die hintersten Dörfer zu kurven. Und wo immer sie ausstiegen, bedrängten sie ihren Übersetzer mit Fragen. Zwölf neugierige Achtzigjährige, die erfahren wollten, wie es in der Welt zugeht.

In Afrika fragte mich einmal ein Zugschaffner: »Sind Sie Tourist?«, und beleidigt antwortete ich: »Nein, ich bin Reisender.« Und seine so überraschende Reaktion: »Ah, nur ein Reisender.« Er war enttäuscht, ein *voyageur* war für ihn ein Nichtsnutz, der sich mit seinem dreckigen Rucksack durch die Welt schnorrt. Aber ein Tourist, der hatte etwas erreicht, der hatte Geld, der ging shoppen und ließ die anderen wissen, dass er es geschafft hatte.

Heute kann ich über meine eitle Reaktion nur lachen. Tourist oder Reisender? Nichts als Namen, nichts als Schubladen. Denn ich habe längst Abbitte geleistet. Nachdem ich früher auf den Neckermann-Vollpensionisten gespuckt und den Backpacker, also mich auch, als den wahren Matador der Fremde ausgerufen hatte.

Ich knie jetzt nochmals nieder und bitte ein weiteres Mal um Nachsicht. Denn inzwischen bin ich so vielen Rucksack-Rowdies begegnet, die um ein Uhr nachts die Türen knallen, um drei Uhr nachts besoffen durch das Hotel torkeln und morgens vollgekotzte Toiletten zurücklassen. Und habe, andererseits, so manchen Dicken mit Baseballkappe über dem rosa Gesicht beobachtet, der rücksichtsvoll anderer Leute Bedürfnis nach Schlaf achtete, der höflich »Guten Morgen« sagte, der tatsächlich den Raum verließ, wenn sein Handy klingelte.

Tourist oder Reisender, der Unterschied kümmert mich nicht, nicht mehr. Ich halte nur nach jenen Ausschau, die mit Respekt unterwegs sind und bei denen ich Kerosin durch ihr Blut rauschen höre. Als Kennzeichen ihres nie zu stillenden Drangs nach – so nannte es Alexander von Humboldt – »Weltbewusstsein«. Weil sie suchen, was ihnen fremd ist, wildfremd. Weil sie in den Schatten dessen treten wollen, was sie nicht wissen, womöglich nie wissen und verstehen werden.

Das soll keinen von uns stören. Wie die Reise auch immer endet, sie ist ein Versprechen, die fabulöse Möglichkeit, sich bewusst zu werden, was der Globus alles zu bieten hat: an Horizonten, an Wahnsinn, an Mirakeln, an Wohltaten und Schandtaten, an weitschweifigsten Ideen und engstirnigsten Verirrungen.

PS: Mag sein, dass ich beim Schreiben dieses Kapitels zu wüst die Axt geschwungen habe. Über den Köpfen derer, die sich als Stückgut über »Traumstränden« abwerfen lassen. Damit aus dem Traum ein Albtraum wird. Aber ich fühle, als wäre ich die Erde selbst. Jede Warze Hässlichkeit, jeder Betonklotz, jede Schneise Raffgier in einen Wald, jeder Ruf nach noch mehr Luxus, nach noch mehr Fressen, nach noch mehr Ansprüchen, nach noch mehr »Nie-den-Hals-Vollkriegen« ist ein Schwinger auf mein Herz. Ich verkrafte sie einfach nicht mehr, die Profitganoven, deren Maß aller Dinge einzig ihre Maßlosigkeit ist. Wie sagte es Karl Lagerfeld kürzlich: »Zu viel darf nicht genug sein.« Aus dem Satz würde ich gern eine knochenharte Papyrusrolle drehen und sie ihm um die Ohren hauen. Alter muss für manche tatsächlich grausam sein. Jeden Tag landet ein neuer Nagel im Hirn. Um es abzudichten.

Gut auch, dass ich als Schreiber noch nie von dem Wahn heimgesucht wurde, dass je eine Zeile von mir einem Geistlosen beim Wiederfinden seines Geists, wenn je vorhanden, helfen könnte. Der Schafsgeist – das ist ein Widerspruch in sich – gehört zum Zeitgeist.

Was ich hier als *Postskriptum* gerade notierte, ist natürlich nichts als zahnloses Gewimmer. Meines. Denn der Lust, die Erde totzuschlagen, um sich an ihr zu mästen, ist nicht beizukommen. »Macht euch die Erde untertan!«, der kriminelle Schlachtruf stand schon in der Bibel. Nein, uns ist nicht zu helfen. Nicht mit Sprache, nicht mit Untergangsszenarien, nicht mit der Einführung des Dosenpfands, mit nichts. Wie ein unbesiegbarer Virus verseucht uns die Gier. Die uns kommandiert. Und von der wir uns kommandieren lassen.

Der magische Moment

Jeder, der reist, wird ihm begegnen. Vielleicht mehrmals. Eine Sekunde, einen Morgen, die halbe Nacht lang. Meistens halten wir dann den Mund. Weil der Anblick den ganzen Menschen überwältigt. Weil man instinktiv fühlt, dass Stummsein die einzige Möglichkeit bietet, damit fertigzuwerden. Denn der stille Körper verspricht die unvergesslichste Intensität. (Erst später, wenn überhaupt, ist Sprache fähig, den Rausch zu formulieren.) Jede Pore, alle fünf oder sechs Sinne werden gebraucht. Es ist der »Schaum des Augenblicksglücks« (Hermann Hesse), der jeden Kommentar verscheucht. Wie der perfekte Flow kommt er in unser Leben, wie ein Edelstein blitzt er in unser Herz, wie ein tiefer Traum verursacht er ein Zittern, ein Beben der Glückseligkeit.

Und bleibt, als Erinnerung. Und hört nicht auf zu glitzern. Immer und immer wieder werden wir anderen davon erzählen. Weil wir es nicht fassen. So rauschhaft, so hochkarätig war er, so alle Naturgesetze und Erwartungen hinwegfegend. Das Wunderliche: Er kann bombastisch daherkommen oder mit fast nichts. Er, der Schaum des magischen Moments, kann als Blitz auftreten oder mit einer Kerze. Als Mensch oder als

Wort. Als winzige Begebenheit oder als vielstimmiges Wunder. Auch wahr: Was den einen erschüttert, erschüttert im anderen nichts. Es gibt ganze Stadien voller Zeitgenossen, denen man Rilkes Liebesgedichte vorlesen könnte und kein einziger Seufzer wohligen Schwindels wäre zu hören. Auch kein Brüller der Begeisterung.

Blinde übersehen die Magie, Taube überhören die Chiffren der Einmaligkeit. Wer jedoch nichts versäumen will, sollte jeden Tag seine Empfindsamkeit trimmen, jene Befähigung, die mithilft, der Welt mit *allem Seinem* zu begegnen. Und wer wäre privilegierter als der Reisende, der die Welt besucht, einer, der jeden Tag nichts anderes zu tun hat, als sie anzuschauen und auszuhorchen? Hier ein paar Kostproben aus fünf Erdteilen. Beginnen wir mit A, wie Afrika.

Der magische Moment: Afrika 1

Fotograf Ken Oosterbroek und ich waren im Auftrag von GEO in Südafrika unterwegs. Um die »Temperatur« im Land zu messen, das kurz darauf Nelson Mandela zum Präsidenten wählen sollte. Heißes Land, heiß von Gewalt und Rache. Die Redneck-Weißen vor Ort waren an Demokratie nicht interessiert, sie liebten die über dreihundert Jahre alte Apartheid und verachteten den »Kaffer«, der ebenfalls Mensch sein wollte. So hetzten sie die Schwarzen aufeinander, finanzierten (schwarze) Todesschwadronen, um der Welt zu zeigen, dass der »Nigger« für ein zivilisiertes Zusammenleben nicht gemacht war. Am tätlichsten ging es in den Zügen zu, die von den Townships nach Johannesburg, dem Arbeitsplatz vieler, fuhren. Macheten schwingende Zulus marodierten auf der Jagd nach Anhängern des ANC, der Partei Mandelas.

An einem Vormittag, wir waren seit 5.15 Uhr unterwegs, sahen wir nur drei Leichen neben den Gleisen liegen. (Meist gab es mehr Tote.) Männer, die zuerst zerhauen und dann aus dem fahrenden Zug geschleudert worden waren. Wir selbst (Weiße!) genossen einen gewissen Schutz, aber an diesem Tag stürzten wir blitzartig ins Freie. Aus einem stehenden Waggon.

Diesmal drohten ANC-Leute, denn sie hielten unsere Reporterausweise für Fälschungen, verdächtigten uns, der *third force* – der Deckname für die weißen Auftraggeber – zuzuarbeiten. Momente vor unserer Flucht hatte ich noch mit einem Passagier gesprochen, der mir seine *safety boots* gezeigt hatte. Echte Knobelbecher, an denen vorne aus der Spitze – via Schnapper am Absatz – je eine Stahlklinge schoss. Wie bei einem Springmesser. Paranoia ging um.

Um für ein paar Stunden den Krieg zu vergessen, nahmen wir einen Leihwagen und fuhren zur *Tolstoi Farm*, etwa dreißig Kilometer außerhalb von Joburg. Gandhi – er begann seine Karriere als Menschenfreund und junger Anwalt in Südafrika – hatte einst Grund und Boden von einem Deutschen geschenkt bekommen. Und ihn nach dem russischen Schriftsteller genannt, der wie er auf allen materiellen Besitz verzichtet hatte. Hier startete er seine »Satyagraha«-Feldzüge, seinen gewaltlosen Widerstand gegen die Übergriffe der britischen (und burischen) Kolonialherren.

Ken durchstreifte das Gelände, um zu fotografieren, ich ging mit Missis Joyce, der freundlichen Concierge, durch das Hauptgebäude. Großzügige Räume, einfach möbliert, sogar die Ahnung einer Bibliothek existierte noch. Ein Museum war geplant. Wunderbar still war es, kein Schuss knallte, niemand brüllte auf andere ein, wie im Märchen lag das schöne Land da. Man konnte nicht anders, als den einstigen Hausvorstand dafür verantwortlich zu machen. Noch achtzig Jahre später wehte hier sein versöhnlicher Geist. Wie ein Vermächtnis.

Ich ging hinaus und setzte mich unter einen Baum, eine Schirmakazie. Und kaum hatte ich mir einen Zigarillo angezündet, geschah das Wunder. Etwas absurd Lustiges, dabei vollkommen Unspektakuläres und dennoch Sensationelles: Eine Henne kam auf mich zu und stupste mit ihrem Kopf – nur Katzen machen das manchmal – an meinen rechten Oberschenkel. Als zärtliche Geste, zur Kontaktaufnahme. Und eiskalt nutzte ich die Gelegenheit und kraulte den Hennenhals.

Und sie ließ es geschehen. Nein, geschnurrt hat sie nicht, auch nicht gegackert, nur – so ist zu vermuten – genossen.

Ich schluckte, so gerührt war ich. Denn zwischen der seit Tagen besichtigten Rohheit und der zärtlichen Geste der Henne lag ein Abgrund. Es handelte sich um einen phantastischen Vertrauensbeweis ihrerseits. Denn jeder Griff einer Menschenhand an den Hals eines Federviehs endet normalerweise mit dessen Tod. Gewiss hatte Gandhiji – Gandhilein, so sein Kosename – auch in diesem Moment seine Finger im Spiel. Denn noch nie war ich einer Henne über den Weg gelaufen, die mit mir schmusen wollte.

Fremde Sprachen

Will einer hinaus in die Fremde, muss er Fremdsprachen können. Eine immerhin, das wäre ein Anfang. Mit Englisch beginnen klingt intelligent. Verfügt jemand über zweitausend Vokabeln, dann kann er − grob geschätzt − mit einer Milliarde anderer Weltbewohner reden, sprich, tausend Millionen beim Geschichtenerzählen zuhören. Sind es (viel) weniger als zweitausend, dann reicht es allerdings nur zum typischen Babytalk: How are you?, *Never better!,* Do you like my country?, *Very much so!,* My name is Rabindranath Jitendra Kumari and what is your name?, *My name is Andrej Anatoli Andrejewitsch!,* Where do you come from?, *I come from far away!,* What is your father's name?, *My father's name is Igor Andrej Andrejewitsch!,* Is Paris really full of sexy girls?, *Yes, very full!,* How many children do you have?, *Maybe none!,* Where is your wife?, *Just around the corner!,* Do you want to see my uncle's shop?, *Certainly! Tomorrow!*

Lauter Fragen, auf die man nach drei Tagen nur noch mit einer Kalaschnikow-Salve reagieren will. Oder Antworten, die den eigenen Verfall ins Bewusstsein rufen. So Lebenszeit raubend sind sie, so penetrant erinnern sie an den Umgangston in einer Irrenanstalt. Da ich nie eine Flinte dabeihabe, renne ich immer mit der schönen Lüge davon, dass meine Gattin bereits ungeduldigst auf mich wartet. Nur eine Ecke weiter. Kann ich nicht wegrennen, im Zug, im Flugzeug, beim Essen, dann simuliere ich einen Hörsturz. Oder eine Malaise. Mir ist jede Finte recht, um dem globalen Blabla zu entrinnen.

Als Erwachsener eine Sprache lernen ist eine Herausforderung. Der Vorgang hat mit dem schönen Wort »Beharrlichkeit« (*persistence*) zu tun, mit Frust aushalten. Mit der Gabe, eine Zeit lang sein eigenes Gestotter (*own stutter*) zu ertragen. Deshalb lieber auf den Kauf läppischer *Nordic Walking-Stöcke* oder noch läppischerer Fahrradhelme verzichten und einen nächsten Intensivkurs buchen. Oder ein Weltempfänger-Radio kaufen. Oder englischsprachige Zeitschriften und Bücher bestellen. Oder online einen geduldigen Fremden finden, den man stundenweise – als Gesprächspartner – dafür bezahlt, dass er live miterlebt, wie man seine Sprache massakriert. Oder alles zusammen. Denn drei Dinge muss der Lernende tun: die Fremdsprache lesen, sie hören, sie sprechen. Täglich. Und er muss sich in die neue Sprache verlieben. Ihren Glanz erkennen, ihren Witz, ihren oft anderen Blick auf die Welt. Die Engländer fragen: »Wer kennt England, der nur England kennt?« Soll sagen: Man muss die Heimat verlassen, um sich woanders umzusehen. Um anschließend die eigenen Zustände besser zu verstehen, sie vergleichen zu können, sie grandios zu finden oder jämmerlich, ja, um sich erst weit, weit weg seiner innigsten Gefühle dem eigenen Land gegenüber gewahr zu werden. Liebe ist bisweilen umständlich, oft will sie Umwege, um bei sich anzukommen. Heimatliebe, Menschenliebe, alles kompliziert.

Drei kleine Beispiele, als Beleg dafür, dass Leute mit einer anderen Sprache anders fühlen: »She is a beautiful country.« Damit meinen sie, die Inselbewohner, ihr Großbritannien. Ist das nicht herzerwärmend, das eigene Land als »she«, als weiblich, zu empfinden? Wären die Deutschen nicht um zwei

Grad cooler, wenn sie Deutschland als schöne Deutsche sehen würden?

Oder: »You're really getting on my wick«, du gehst mir echt auf die Eier. Erstaunlich, denn »the wick« ist der Docht. Docht und Eier, irgendwie liegen sie nah beieinander. Man erkennt an der Redewendung, dem Original und der Übersetzung, dass die beiden Völker die Empfindsamkeit gewisser Körperteile verschieden einschätzen.

Zuletzt: »I wouldn't touch you with a barge pole«, ich würde dich nicht einmal mit einer Kneifzange anfassen. Die beiden letzten (englischen) Wörter sind noch aufschlussreicher, denn ein »barge pole« ist eine Ruderstange. Die sprichwörtliche britische Distanz kommt da zum Vorschein. Der Widerwille einer Person gegenüber wird durch ein Teil ausgedrückt, das drei Meter lang sein kann. Wir sind da weniger zimperlich. Eine Zange ist viel kürzer.

Drei von unzähligen Verschiedenheiten. Wer eine Sprache lernt, lernt die Muttersprachler kennen. Er sammelt Worte und Empfindungen, Ansichten und Standpunkte. Und er begreift eines Tages, ist er nur eigensinnig genug, die Schönheit der neuen Wörter. Ich hatte Englisch wie so viele immer als Gebrauchsartikel verstanden, nützlich, praktisch, aber nicht mehr. Bis ich in der Kantine der Universität von Algier – in Afrika, in einem arabischen Land – am Nebentisch einem Mann zuhörte, offensichtlich ein Dozent, der über englische Literatur sprach. Mit einem warmen, lupenreinen Oxford-Akzent. Ich schloss die Augen und verliebte mich. In seine Sprache. Wie man sich in jemanden verliebt, den man schon Jahre kennt, ohne dass etwas passiert ist. Jetzt ja. Jetzt schlug der Blitz ein, jetzt hörte ich den Swing, die Melodie.

Eine ähnliche Erfahrung machen Leute, die Deutsch als Fremdsprache lernen. Himmel, was wurde unsere Muttersprache schon als eckig und aggressiv verspottet. Mark Twain verfasste lange Tiraden über seinen Unwillen (»... Es gibt ganz gewiss keine andere Sprache, die so unordentlich und systemlos daherkommt ...«), Hitler hat ihr den Ruf eingebracht, die Sprache der »Denker und Henker« zu sein, und in neuzeitlichen Talkshows wird uns ein Wortverhau zugemutet, der an Flauberts Behauptung zweifeln lässt, dass »die Sprache das erste Genie eines Volkes« ist.

Aber sie ist – trotz aller Sprachschänder – unser erstes Genie. Nie ist den Deutschen etwas Schwungvolleres gelungen. Und viele Nichtdeutsche, die alle Mühe – die tausend Vorurteile, die tausend Grammatikregeln, die tausend Ausnahmen – auf sich nehmen, werden vielleicht eines Tages »Das elfte Sonett« von Bert Brecht (»*Als ich dich in das ferne Land verschickte ...*«) lesen und wissen, dass sich jeder Ausrutscher und jedes Verhaspeln und jedes Erröten gelohnt haben.

Sogar Yves, der Franzose, dem ich freundschaftlich verbunden bin: Er hasste *allemand* in der Schule und heute liest er mir die Liebesgedichte von Erich Fried am Telefon vor, nicht fassend, dass man der Liebe Großtaten und Niederträchtigkeiten so bravourös in Buchstaben übersetzen kann.

Sorry, ich kam vom Thema ab. Nein, doch nicht. Denn der kleine Liebessums auf die eigene Sprache soll ja zeigen, dass man närrisch vernarrt in Deutsch sein kann und trotzdem noch Platz findet für andere Lieben. Wie eben die Liebe für Englisch. Oder Französisch. Oder Spanisch. Oder welche fremden Wörter auch immer. Jede Sprache ist Teil des Reichtums der Welt. Umso mehr, als wir wissen, dass von den etwa sechstausend – noch existierenden – viele bedroht sind. Vom glatten Aussterben.

Auf Dominica, einer Insel in den Kleinen Antillen, traf ich vor Jahren Lewis Dupigny. Er war – behauptete er und die anderen 70 000 Einwohner behaupteten es auch – der Einzige, der noch »Karibisch« sprach. Der 69-Jährige schien der Letzte, der seine Frau noch »Iniboüinalicou« nannte, ein Wort, das nicht einmal seine Tochter mehr kannte. Denn die Jungen sagten stattdessen »Sweetheart« zu ihrem Honey. Weil sie lieber Englisch – die Sprache der ehemaligen Kolonialherren – beherrschten als ein Idiom, das ihnen hinter ihren fünf Millionen Bananenstauden nicht mehr viel nützte. Bei den Indianern in Nordamerika geht dasselbe Phänomen um. Sprachen, sprich Schätze, verschwinden, weil eine viel mächtigere sie zum Verstummen bringt. So hat jede Liebe ihre Schatten.

Ich bin auch kein Anti-Anglizismen-Terrorist. Im Gegenteil, ich bin überzeugt, dass Sprache ein lebendiger Organismus ist, der sich wandelt, der Wörter aus den Augen verliert und neue Wörter sich aneignet. Auch aus der Fremde. Eine Sprache befruchtet die andere. Zudem bewundere ich ja Englisch. Wenn beide Sprachen sich bereichern, sind beide hinterher reicher. Die *English native speakers* nehmen unser »Leitmotiv«, unsere »Weltanschauung«, unsere »Realpolitik«, unseren »Zeitgeist«, unsere »Angst«, unseren »Bildungsroman«, unsere »Blutwurst«, unsere »Wanderlust«, unsere »Pretzel«, unseren »Weltschmerz«, unser »verboten« (leider) und ein paar Hundert andere *German expressions* in ihren Wort-Schatz auf. Und umgekehrt tun wir es auch.

Klug wäre es allerdings, wenn Kluge darüber entschieden, was wir uns einverleiben und was nicht. Denn die Angeber, die angeblich Englisch sprechen, aber nach dem 51. Wort nicht mehr weiterwissen, erzählen uns dann, zum Beispiel, dass sie zum »public viewing« gehen. Ohne sich je die Mühe gemacht zu haben, nachzuschauen, was der Ausdruck bedeutet: *Ein Toter wird im Leichenschauhaus zum letzten Mal ausgestellt, damit die Angehörigen von ihm Abschied nehmen können.* Oder sie, die Großkotze mit dem Bonsai-Englisch, gehen shoppen und kaufen sich einen »body bag«. Eine Umhängetasche haben sie im Sinn, aber einen Leichensack mit Reißverschluss verlangen sie. Die Liste der Peinlichkeiten wäre lang.

Zurück zur Hymne auf die Welt und die Weltsprachen. Damit die Jungen auf den Geschmack kommen und auf weniger Verdummung hereinfallen als wir, muss noch auf etwas verwiesen werden, das jedes Mal, auch bei mir, die freien Radikalen lostritt: Wenn man in einem Buch vorne darüber informiert wird »Übersetzt aus dem Amerikanischen«. Man muss lange darüber nachdenken, ob es einen blöderen Satz gibt, mit mehr Hype und heißer Luft drin. Übrigens wissen die Amerikaner nichts von dieser Sprache, die angeblich die ihre ist. Als ich an der *New York University* studierte, studierte ich »English«, die Verkehrssprache in dieser ganz und gar amerikanischen Stadt.

Das – *Übersetzt aus dem Amerikanischen* – kommt mir so debil vor, wie wenn in einem Roman eines Leipziger Autors, der in Frankreich veröffentlicht wird, auf der dritten Seite stünde: »Traduit du saxon«, aus dem Sächsischen übersetzt. Von wegen. »Traduit de l'allemand« wird dastehen, ganz gleich, ob der Autor seinen Text in Niederbayern oder auf der Insel Helgoland (oder in Österreich!) geschrieben hat. Freilich wissen auch wir – wir, die mit weniger Hype auskommen –, dass zwischen dem Englisch, das in England, und jenem, das in Amerika gesprochen wird, kleinere Unterschiede bestehen. Ein paar Wörter, Betonungen, minimale grammatikalische Abweichungen. Nicht um ein Haar anders als zwischen dem Deutsch, das man im Süden, und dem, das man im Norden oder Westen oder Osten unseres Landes redet. Und trotzdem habe ich weder im tiefsten Redneck-Alabama noch auf der Waterkant einen Übersetzer benötigt. Keiner von ihnen sprach Amerikanisch. Irgendwie klang alles nach Englisch oder Deutsch. Ja, man braucht sich nur ein einziges Interview eines BBC-Reporters mit einem US-Staatsbürger anzuhören und kommt eiskalt zu dem Schluss: Die beiden sprechen dasselbe Idiom. Somit erlaube ich mir allen zuzurufen, die von der Welt etwas wissen wollen und sich darauf vorbereiten: Vergesst Amerikanisch, es ist unauffindbar. Schenkt die gewonnene Zeit lieber der englischen Sprache, sie ist weit und geheimnisvoll wie ein ganzer Erdteil.

Gewiss: Wer fremde Sprachen spricht, steht fein da. Er riecht nach Internationalität, nach Neugierde, der Wind von geistig gut durchlüftet weht in seiner Nähe. Den Neid der

Sprachlosen hat er sich wohl verdient. Denn er trägt in seinem Kopf ein Passepartout mit sich herum, das ihm Zugang – in alle Himmelsrichtungen – zu Gedanken, Gefühlen und sonst nie entdeckten Rätselhaftigkeiten erlaubt. Und: Ach, wie vielen Frauen kann man damit nähertreten? Ach, wie vielen Männern? Ach, wie viel Nähe können Sprachen zaubern, wie viel Heiterkeit und Wonnen verschenken?

Ich weiß, andere sehen das anders, sagen wir, rustikaler. Wie mein Lieblingsfeind Paulo Coelho, der größte lebende Eso-Esel aller Zeiten. Er gab einmal in einem Interview zum Besten: »Rede mit dem Fremden, auch wenn du dessen Sprache nicht sprichst.« Also mit Händen und Füßen vor den Eingeborenen hin und her hüpfen? Plus Augenrollen, Ohrenwackeln und Zunge rausstrecken? Why not! Ich finde, irgendwie passt der Satz zu dem unermüdlichen Sülzeschmied. Auch seine Bücher scheinen mit allen vier Extremitäten geschrieben. Nie käme der Verdacht auf, dass ein Hirn als Schreibgerät zum Einsatz gekommen wäre.

Natürlich kann keiner von uns verlangen, dass wir rasend begabt sind wie Jean-François Champollion, jener französische Wissenschaftler, der mit 31 die Hieroglyphen entzifferte, sich irgendwann in 36 oder 37 Sprachen ausdrücken konnte und mit 41 an Schwindsucht starb, der Krankheit der Genies. So schlage ich vor, dass ein Reisender immerhin zwei Wörter auswendig lernt. In all den Sprachen, die er nicht spricht. Die beiden sind weltweit hoch angesehen und gelten als untrügliches Zeichen zwischenmenschlicher Eleganz: »bitte« und »danke«.

Freundlichkeit

Ich gehöre zu den Weicheiern, die sich vor Gewalt fürchten. Zudem heule ich etwa zwanzig Mal pro Tag einer Tugend hinterher, die verschwunden scheint. Oder nur noch als Restposten vorkommt, sporadisch, zufällig. So habe ich schon vor Jahren beschlossen, ihn, den Rest, zu retten, bescheidener formuliert, jenem kleinen Häuflein Verwegener beizutreten, die ohne sie, ohne diese schöne Tugend, nicht leben wollen, nein, nicht können: die Freundlichkeit. Als Reisender erst recht nicht. Als Heimatloser mitten unter fremden Frauen und Männern, fern aller Freunde, fern aller beruhigenden Fixpunkte, bin ich wie ein ausgesetzter Hund von ihr abhängig: *the kindness of strangers*. Ohne sie vereise ich. Jeder Akt der Unfreundlichkeit macht mich – wie jeden von uns – einsamer. Weil dann die Nähe zum anderen, so kurzfristig, so flüchtig die Begegnung auch sein mag, nicht funktioniert. Die Wärme fehlt, das Spielerische, wieder einmal der Swing.

Das dümmliche Gerede geht um, dass Höflichkeit Verlogenheit bedeute. Klar bedeutet sie das, wenn ich jemanden anstrahle, den ich für einen Schandfleck unter den Sterblichen halte. Oder strahle, weil ich jemanden abzocken will.

Aber dann heißt mein Verhalten nicht Höflichkeit, sondern Gier oder Skrupellosigkeit oder Gesinnungshurerei. Natürlich hat höfliches Benehmen – das fremde, das eigene – auch einen »Hintergedanken«: dass es uns beiden – wer immer der andere sein mag – gut geht. Dass wir den einen gemeinsamen Augenblick, vielleicht einzigen in unserem Leben, mit Leichtigkeit meistern.

Bisweilen überkommt mich das Gefühl, dass der Prolo die Weltherrschaft übernommen hat. Im Inland, im Ausland. »Mineralwasser!«, bellt er. Oder »Bier!« Oder »Zahlen!« Sein Auftreten hat etwas von einem Imperator. Auch zieht er gern den Rotz durch die Nase. Oder redet hemmungslos in sein Handy. Mitten unter Wildfremden lässt er uns wissen, dass er gestern wegen einer Schuppenflechte beim Arzt war, »direkt unter der linken Achsel«. Irgendwann haben alle im Zugabteil erfahren, dass er wieder einmal – »Scheiße!« – beim Eurolotto die falschen Zahlen getippt hat. Und dass er die neue Staffel von *Sex and the City* – maßgeschneidert für die geistig Unterdotierten aller Länder – »supergeil« findet.

Ja, das zwangsweise Mithören anderer Leute Leben – wenn es wenigstens fetzig wäre oder voll beflügelnder Gedanken oder gebeutelt von bewegendem Unglück – gehört zu den Pestbeulen moderner Zeiten. Wie ein Virus verseucht es die Diskretionszonen anderer.

Höflich sein – Freundlichkeit und Höflichkeit sind schwer befreundet – geht anders. Es hat mit einer Eigenschaft zu tun, die sich Empathie nennt. Unterwegs kann man sie stündlich trainieren: seine Umgebung spüren, sie wahrnehmen. Im vorliegenden Fall begreifen, dass meine Abszesse, meine Nieten und mein Geschmack (wenn es denn einer ist) niemanden etwas angehen, sprich, niemanden interessieren. Am liebsten sind mir Reisende, die in meiner Nähe lesen oder staunend zum Fenster hinausschauen oder sich (verhalten) beschmusen oder einander Geschichten erzählen, von denen man wünschte, sie würden lauter verbreitet.

Empathisch mit dem Rest der Welt umgehen! Wäre ich Diktator, ich würde den Ausrufesatz als Pflichtfach einführen. Als meinen Beitrag zur Rettung des Planeten und seiner Bewohner.

Eigentlich haben es Reisende leichter, durch Höflichkeit aufzufallen. Weil sie ja hochgestimmt sind, weil sie sich in einem Ausnahmezustand befinden. Sie dürfen die Welt besichtigen, während andere – die vielen anderen – nicht vom Fleck kommen: weil ohne Zeit, ohne Geld, ohne Kraft.

Ich bin gerührt wie ein Kind am Geburtstagstisch, wenn ich den kleinen Gesten der Ritterlichkeit begegne. Wenn ich Zeitgenossen dabei beobachte, wie sie ihren Platz anbieten. Bereit sind zu stehen, damit der andere sich setzen kann. Wenn sich eine so altmodische Eigenschaft wie Respekt vor dem Alter zeigt. Auch aus dem Bewusstsein heraus, dass der andere schon länger am Leben ist, schon länger kämpfen und schuften musste. Einer steht für einen anderen auf, ein Starker hilft einem, der gerade eine Prise Mitgefühl braucht. Füttert das nicht das Herz eines jeden, der Ziel dieser Aufmerksamkeit ist?

Ich erinnere mich an ein Mittagessen in einem Londoner Restaurant. Als ich das Lokal verließ, sah ich eine ältere Dame beim schwierigen Versuch, ihren Mantel anzuziehen. (Der Hinweis auf das ungefähre Alter ist wichtig, damit ersichtlich wird, dass mich keine hundsgemein niedrigen Instinkte trieben.) Da ich mich selbst gerne als Ritter sehe, eilte ich hinzu, um ihr zu helfen. Und was passierte? In Todesangst sprang sie zur Seite, fest davon überzeugt, gerade Opfer eines Überfalls zu werden. So weit sind wir also: Mitten am helllichten Tag, mitten in einer zivilisierten Umgebung erwartet keiner mehr, dass ihm ein (bescheidener) Akt der Hilfsbereitschaft widerfahren könnte.

Ja, es wird noch absurder. Szenenwechsel. Ich öffne eine Tür und sehe, dass mir von der anderen Seite jemand entgegenkommt. Blitzschnell entscheide ich, die Tür aufzuhalten, bis der andere durchgegangen ist. Dabei handelt es sich bei ihm (bei ihr) um einen ganz »normalen« Menschen. Weder Greis noch Rollstuhlfahrer noch atemberaubend attraktiv. Und wie reagiert der Ochse, die Kuh? Geht ohne cooles Kopfnicken vorbei, ohne Blick, ohne Danke, wohl fest davon überzeugt, dass ich hier herumstehe, um den Schnöseln dieser Welt als *doorman* aufzuwarten.

Immerhin kann man via solche Erfahrungen etwas lernen: dass die Prolos – sagen wir, all jene, deren Herzensbildung nie stattfand oder über die Jahre versiegte – aus allen Schichten kommen. Quer durch alle Altersgruppen, egal auch, ob hochgradig blöd oder akademisch gebildet, in Sandalen oder in Nadelstreifen, mit einem Watschengesicht oder unerhört schön. Ich wundere mich stets aufs Neue, dass ich noch immer nicht vom Äußeren auf die Innenwelt eines Menschen schließen kann. Jeder und jede überraschen mich. Immer wieder.

Ob Reisende, statistisch gesprochen, eleganter mit anderen umgehen, auch das weiß ich nicht. Ich vermute aber, dass sie es sollten. Denn ohne dieses Vademecum Höflichkeit kommen sie nicht weit. Hier ein Beispiel, eher nicht empfehlenswert: In einem Café in Venedig saß ein junger Kerl, in Hörweite von mir, die Zeitschrift »Kicker« lag vor ihm. Der Kellner kam auf ihn zu und fragte ihn nach seinem Wunsch. Um die Antwort unseres Mannes aus Quakenbrück besser zu verstehen, soll erwähnt werden, dass der Ober (auch) Deutsch sprach. Mit Fehlern, aber hinreichend. So sagte der eine: »Was wünschen bitte Sie?« Und so antwortete der andere: »Du mir bringen eine Kaffee!« Drei Fehler mit fünf Wörtern, das ist nicht schlecht: Kein Bitte, kein Sie, kein korrektes Deutsch. Vielleicht hatte er seine Auftritte vom eigenen Vater abgeschaut, beim heimischen Wirtshausbesuch. Vielleicht findet er sich umwerfend witzig. Wie auch immer. Da ich Fremdschämen nur bedingt ertrage, zudem grundsätzlich allergisch auf diese Hinterwäldler-Duzerei reagiere, habe ich mir erlaubt, ihm zwei Zettel an den Tisch zu tragen. Als meinen Beitrag zur Verschönerung der Welt, darauf stand: »Lernen Sie bitte heute noch auswendig: ›Es lebe die Würde des Menschen.‹« Und: »Sagen Sie beim nächsten Mal einfach: ›Bitte bringen Sie mir einen Kaffee.‹« Oft halte ich den Mund, aber manchmal muss ich ein Stoppschild aufstellen. Ob ich das Recht dazu habe, ist mir vollkommen egal. Ich tue es einfach.

Noch ein Beispiel. Da musste ich mich nicht fremdschämen, da reichte es völlig, dass ich mich schämte. Über *mich*. Auf dem Hauptpostamt in Lima: Ich ging zum »poste restante«-Schalter, um einen Brief, einen Liebesbrief, abzuholen. Dachte ich. Von wegen. Ich fragte und keine Post lag für mich bereit. So verlor ich die Nerven, denn entgangene Liebeszeilen schaffen Stress. Und ich fing an, den armen Angestellten zu beschimpfen. Dass er nicht richtig geschaut habe. Dass er nicht richtig gelesen habe. Dass er nicht richtig sortiert habe. Dass er den Vornamen mit dem Nachnamen verwechselt habe. Ich war ziemlich phantasievoll im Begeifern eines Unschuldigen. Das Aufregende an der Situation aber war dieser Mann, der zu Unrecht verdächtigte. Wie ein Zen-Meister ließ er den Fehdehandschuh liegen und blieb auf geradezu provozierende Weise gelassen, ja freundlich. Nicht um eine halbe Note stieg seine Stimme, die jeden neuen Angriff mit erstaunlicher Ruhe parierte. Und erklärte. Soweit man einem Wichtigtuer etwas erklären kann. Zudem blickte er mich unverwandt an, ohne einen Funken Zorn in den Augen. Ein heiliger Peruaner, unschlagbar.

Als ich mich schließlich mit einer wütenden Handbewegung wegdrehte und Richtung Ausgang eilte, geschah es: Der Postler hatte mich weichgespült, mich mit Sanftmut erledigt. Die Macht der Nachsicht, ziemlich unheimlich. Zweihundert Meter hielt mein Widerstand noch durch, dann musste ich umkehren und mich bei ihm entschuldigen. Er lächelte nur, meinte cool: »No se preocupe«, machen Sie sich keine Sorgen. Wie ein Anfänger, dem jemand eine Lektion Leben erteilt hatte, schlich ich davon.

Ich will es nicht übertreiben mit den Aufrufen zur Lebensform eines Gentleman (*a man who is gentle*: mild, vornehm, behutsam). Es kommen Gelegenheiten, da verpuffen die Kräfte der Vornehmheit und ein *reality check* muss her. Um zu erkennen, dass jetzt nur rohe Kräfte taugen. Nehmen wir eine Haltestelle in Shanghai. Wohlerzogen hintereinander aufstellen und der Reihe nach einsteigen funktioniert hier nicht. Schneller kommt einer weg, wenn er sich, zum Beispiel, an sein früheres Leben als Boxer erinnert. Oder an seine Begabung als gnadenloser Drängler. Berufe, die hier definitiv helfen, einen Bus zu entern. Wer nicht grob werden will, der muss eben warten. Bis die 1,3 Milliarden Chinesen vor ihm abgefahren sind.

Jeder weiß es: dass Lächeln an manchen Orten nicht funktioniert. Wie vor einem Rezeptionisten, der behauptet, das Hotel sei voll. Erst nach Hinterlegung von Extramoney gibt es noch ein »letztes Bett«. Er gehört zu jener Spezies, die dem Reisenden in immer neuen Uniformen begegnet. Als Zöllner, als Visumbeamter, als Schaffner, als Soldat, als Rezeptionist eben. Sie besitzen etwas, das – hat jemand Pech – selbst mit Charme und (korrekter) Bezahlung nicht zu haben ist: ein Zimmer, einen Stempel, ein Dokument, ein Ticket, eine Passage. Hier amtshandeln – in Amt und Würden – Korrumpierte, die sich mit keinem Lächeln kaufen lassen, nur immer mit Banknoten. Bisweilen hilft ein Bluff, eine frech vorgetragene Drohung, eine Finte, eine waghalsige Lüge. Aber meist nicht. So wenig wie eine Einladung zur Höflichkeit. So ist Zahltag. Weil einer Macht hat und sein Gegenüber augenblicklich machtlos ist.

Aber es gibt noch eine andere Rasse, die nie eine Uniform schmückt. Auch keine Machtposition. Und die sich trotzdem von keiner Galanterie beschwichtigen lässt. Man findet sie auf allen fünf Kontinenten: Jene Männer und Frauen, die kein Glück hatten im Leben. Weil sie – ein möglicher Grund für ihr Unglück – hartnäckig der Freundlichkeit aus dem Weg gingen. Weil sie schon vergessen haben, dass sie als so einfaches, so preisgünstiges Rezept taugt, um mit den Anwürfen des Lebens (lässiger) fertigzuwerden. Die Herzkammern der Freudlosen sind bereits verschweißt. Sie sprühen nicht mehr, ja verweigern sich jedem Signal von außen. Tote Hosen, tote Röcke, tote Seelen. In diesem Fall – und der Rat gilt für die Fortgeschrittenen unter uns – muss einer eisern entschlossen freundlich bleiben. Darf auf keinen Fall gegen die Herztoten in den Krieg ziehen. Den Postbeamten in Lima könnte ich als Vorbild nennen. Vielleicht funkt es doch zwischen den beiden, die sich gerade begegnen, vielleicht schmilzt doch der eine oder die andere. Und taut. Und erinnert sich an heiterere Zeiten, heiterere Umgangsformen.

Aldous Huxley soll zuletzt sprechen. Die folgenden Sätze wirken wie Wunderpflanzen aus dem fernen Amazonien: Wer sie lange genug kaut, hebt ab. Mühelos, leichtfüßig, beschwingt. Ja, auch der englische Autor (»Schöne neue Welt«) hat innig suchen müssen, bis er wusste, was zählt: »Es ist mir fast peinlich. Aber nach all den Jahrzehnten der Suche, nach den vielen spirituellen und psychologischen Wegen, die ich kennengelernt habe, nach all den zahlreichen großen Meistern, denen ich begegnen durfte, bin ich zu folgendem Schluss gekommen: Die machtvollste und zuträglichste Praxis ist wohl, sich selbst und dem gesamten Universum freundlich zu begegnen.«

Der magische Moment: Afrika 2

Ich würde gern ein oder zwei Dutzend Geschichten aus Afrika erzählen, aber nur eine hat noch Platz. In ihr kommen die drei wichtigsten »Dinge« vor, die mich als Reisenden bewegen: die Welt, die Sprache, ein naher Mensch.

Ich reiste durch Sinai. Kurze Rast in Musa, einem Nest auf der Strecke. Hier, so heißt es, hat Moses an den Fels geschlagen und Wasser sprudelte. Ich klopfte ebenfalls und ein Beduine mit heißem Tee trat aus dem Schatten. Das war ein gutes Zeichen. Felsen spenden Wasser, Felsen spenden Tee. Ich ahnte in diesem Augenblick nicht, dass sie noch für ganz andere übernatürliche Erscheinungen taugten.

Abends Ankunft in Milga, ich fand ein Restaurant, wusch mir den Wüstendreck aus dem Gesicht und bekam etwas zu essen. Und las. In der Ferne sitzen und lesen, viel inniger konnte es nicht werden. Doch.

Irgendwann nahm mir jemand sacht das Buch aus der Hand, einfach so. Und fragte, ob ich nicht ein preiswertes Hotel wüsste. Leicht irritiert blickte ich auf, nur widerstrebend lässt sich ein notorischer Leser sein Suchtmittel entziehen. Ich sah in das Gesicht einer fremden Frau, die leichtsinnig lächelte.

48

Pretty woman. Sofort dachte ich an einen vor Kurzem gelesenen Artikel, der behauptete, dass die ersten Sekunden die entscheidenden zwischen Mann und Frau seien. Mag sein, aber ich spürte plötzlich mein Alleinsein und wünschte, dass sich etwas entschied. Die Fremde redete englisch mit spanischem Akzent. Und so sprachen wir Spanisch. (Das, beichtete sie später, hebelte sie aus, denn ihre Sehnsucht, vertraute Töne zu hören, war an diesem Abend drängender als sonst.)

Die Argentinierin setzte sich und legte los. Geschichten hören dürfen, das ist ein Glück. Sie von einer fremden Frau in einem fremden Land in einer fremden Sprache erzählt bekommen, hebt den Glücksquotienten noch einmal. Für mein Spanisch würde ich keinen halben Blumentopf gewinnen, aber zweitausend Worte reichen, heißt es doch, um eine Welt zu erobern.

Zwei Stunden später schlenderten wir zum Hotel Al-Fayrouz. Der Schlafsaal hatte acht Betten und wir buchten alle acht. Wir wollten allein sein. Zum Weiterreden. Tatsächlich. Wir waren weise genug und gaben unseren Hintergedanken noch eine Nacht Bedenkzeit.

Am nächsten Morgen brachen wir zum berühmten Kloster auf, das der »heiligen« Katharina geweiht war. Sie hatte sich den Kopf abschneiden lassen, so die christliche Sage, »aus Liebe zum Herrn Jesus Christus«. Wir grinsten uns an, als wir das lasen. Das Debile hat oft keinen Namen: So himmlisch debil ist es. Der Humor Wandas beflügelte mich und ich fragte einen Touristenführer, wo sie denn einst um das Goldene Kalb getanzt hätten. Der Mann drehte sich um und deutete in die andere Richtung: »Zwanzig Meter weiter, direkt hinter der Busstation.« Jetzt hüpften wir vor Vergnügen. Sich gegenseitig zum Lachen zu verführen ist ein probates Mittel, um Nähe herzustellen.

Da wir am Vortag erfahren hatten, dass alle Besucher nachts aufsteigen, um den Sonnenaufgang zu sehen, starteten wir schon jetzt. Der Weg war frei. Wie ein tiefes blaues Meer lag der Himmel über uns und wie zwei vom Glück verfolgte Lieblinge der Götter erreichten wir drei Stunden später den Gipfel des Bergs Sinai.

Junge Ägypter saßen in ihren Buden und verkauften Tee. Ihre gut geschnittenen, dunklen Gesichter. Der Anblick von Wanda tat ihnen nicht gut, unübersehbar die Sehnsucht in den Augen der Jugendlichen. Die 27-Jährige sah aus wie ein exotisches Tier, ihre Silhouette, obwohl taktvoll verkleidet, ließ keinen Zweifel an ihren Gaben. Noch wurde kein Gott erfunden, der es mit den schwungvollen Formen einer Frau aufnehmen könnte. Und kein Gebet, um davon abzulenken.

Einer jedoch war hier oben, der hatte das Träumen schon hinter sich. Der alte Aladin (!) nahm unbemerkt einen Schein entgegen und öffnete die winzige, schwer verschlossene Moschee, ja, nahm einen zweiten Schein, um wieder zu verschwinden. Und Wanda und ich küssten uns zum ersten Mal. Doch noch im Küssen platzte ihr Gelächter heraus, denn sie schlug »besos de halal« vor, Halal-Küsse: Wir sollten uns unbedingt Richtung Mekka küssen! Zum Wohlgefallen Allahs! Und wir lachten und küssten uns, bis ein Bauchkrümmen aus reinster Lebensfreude uns zur Mäßigung zwang. Allgütiger, war diese Frau begehrenswert. So aussehen. Und so denken können. So spöttisch, so voller sprühender Ironie.

Ein Klopfzeichen reichte und Aladin ließ uns wieder hinaus. Wir wollten jetzt allein sein, unsichtbar allein, und schlichen zur Westseite, dorthin, wo die Sonne untergehen würde, turnten von Klippe zu Klippe, um den einen verschwiegenen Ort zu finden. Und je anstrengender es wurde, desto sicherer fühlten wir uns. Ein Platz sollte es sein, von dem kein anderer wusste. Und irgendwann fanden wir eine Höhle, drei Meter tief, drei Meter breit, vollkommen leer. Und blitzsauber.

Einer der ergreifenderen Momente zwischen Mann und Frau passiert wohl dann, wenn beide einander »versprochen« sind. Wenn beide genau dasselbe wollen und keiner den anderen mehr verlocken muss. Wenn es wortlos beschlossene Sache ist, dass es sein soll. Sein darf. Sein muss. Wir setzten uns und verstummten. Um 14.27 Uhr war hier der stillste Fleck im Universum. Nichts zu hören. Keine Fliege, kein Windhauch, kein Flirren. Nur totenstille Luft. Wir befanden uns etwa 2200 Meter über dem Meeresspiegel und es war lautlos wie am Grunde des Indischen Ozeans. Als ich auf Wanda blickte, nahm ich wieder mein Herz wahr. Sein Pochen musste in der Stille untergegangen sein. Jetzt pochte es. Wie das Herz eines Mannes, der weiß, dass er etwas Außergewöhnliches geschenkt bekommen wird.

Zwei Stunden später kam der Sonnenuntergang und ein paar Strahlen glitten über die Haut jener Frau, die leise atmend die Augen geschlossen hielt. Sicher spürte sie die Wärme, die langsam über sie hinwegwanderte. Bis auf den heutigen Tag frage ich mich, was in diesen Augenblicken anmutiger war: der Körper des auf dem Boden ausgebreiteten Mädchens oder die Welt, die wie ein Cinemascope-Film vor uns lag.

Bei Einbruch der Dunkelheit machten wir uns auf den Rückweg. Wie Kinder nahmen wir uns bei der Hand. Kein Wort und keine Geste gingen uns daneben. »Wir wollen diesen Tag aufheben«, sagte Wanda irgendwann versonnen, »er soll eine kleine Ewigkeit dauern.« Ja, hundert Mal ja. Wir werden ihn abspeichern und sichern für die Tage ohne Licht, ohne Geheimnis, ohne alle Aussicht auf ein Wunder.

Der Ranzen

Er soll gefüllt sein wie ein Magen nach dem Essen: eben nicht vollgestopft, sondern so, dass durchaus noch etwas Platz hätte. Denn man sieht gleich, dass der Ranzen auf dem Buckel und der Ranzen vorne am Bauch etwas gemeinsam haben: Je schlanker sie aussehen, desto unbeschwerter trägt man sie, desto eleganter sieht einer aus. Denn wer sich hinknien muss, um alles in seinen Tornister zu zwängen, hat die erste Regel des Reisens, die goldenste, schon überhört: Leichtigkeit. Jedes Kilo wiegt nach zehn Kilometern das Doppelte! Und nach hundert das Dreifache! Immerhin wird dem Reisenden bei jedem Schritt klar, dass die Gier eine beschwerliche Untugend ist. Kolossal belastend.

Ich beichte: Immer wieder begegne ich einem, der bescheidener aufgeladen hat als ich. Und nichts als mein Neid bricht aus. Wie bei jedem, der mit weniger Anstrengung daherkommt. Immer will ich einem solchen nacheifern.

Packen als Kontemplation. Bei jedem Teil sich beinhart fragen: »Brauche ich das?« Nicht in dem Sinne, ob es lebensnotwendig ist, sondern: Brauche, sprich, *gebrauche* ich es? Natürlich benötigt eine Frau keinen Nagellack, um in Australien anzukommen. Aber wenn lackierte Fingernägel ihr Freude bereiten, dann her damit. Denn alles, was den Voyageur hochstimmt, ihm in beschwerlichen Situationen beim Ertragen der Mühseligkeiten hilft, ist von Nutzen und muss unbedingt mit. Besänftigt den einen ein Charlie-Brown-Maskottchen, den anderen das Amulett eines Indianerhäuptlings, den dritten ein daumenkleiner Buddha aus Jade: dann sollen sie mit auf die Reise. Sie alle funktionieren als eine Art Friedensstifter.

Fußnote: Imelda Marcos war nie mit dem Rucksack unterwegs, denn wohin mit ihren sechstausend Paar Schuhen? Trotzdem, ein Reservepaar sollte man einpacken. Denn es kommen Augenblicke, in denen man nicht wie ein Wandervogel auftreten möchte, sondern mit einem Hauch von Stil. Ich hatte eine Freundin, die nahm zum Trekking ihre Stöckelschuhe mit. Sie wollte gerüstet sein. Ich habe sie nie belächelt. Denn immer kam ein letzter Abend, irgendwo in einem Hotel. Und jetzt passten sie. Sie wollte eben beides, wandern und stöckeln.

Frischwäsche wäre nicht schlecht. Wenig, aber frisch. Dazu ein paar Utensilien, um den Körper sauber zu halten. Ich bewundere Zeitgenossen, die nach zehn Wüstentagen mit sauberen Händen in die Zivilisation zurückkehren. Und ohne Mundgeruch. Hygiene, so heißt es im Zen-Buddhismus, hat etwas mit Achtung vor sich selbst zu tun. Und vor anderen, auch klar. Grindige Fingernägel sind eine Zumutung. Ich bin meist so frei, den Schmutzfink auf seinen Zustand aufmerksam zu machen. Ist das zartfühlend? Sicher nicht. Aber mir seine schmuddeligen Pfoten entgegenzustrecken ist es noch weniger. Deshalb: Wer nicht sehen will, muss hören.

Dabei sollte gerade ich meine Zunge hüten. Als ich von Paris nach Berlin wanderte, kam ich bei Kilometer 1070 in Potsdam an. Und näherte mich einem Einwohner, um ihn nach dem Weg zum Obdachlosenasyl zu fragen. Der gute Mann fuhr entsetzt zurück, rief noch entsetzter: »Halten Sie Abstand, Sie verpesten ja die Gegend!« Ich war offensichtlich zu einem Penner verwildert, der sich selbst nicht mehr roch. Freilich war ich seit 33 Tagen unterwegs, vierzig Kilometer täglich, zu Fuß und ohne Geld. Lange schon ohne einen müden Euro für Seife und Deo. O.k., das soll als Ausnahme gelten. Ansonsten mag ich mich und alle anderen lieber, wenn wir geruchlos (oder mit diskreter Duftnote) daherkommen.

Wie im richtigen Leben, so zählt auch im Leben eines Reisenden die Art, wie er sich der Welt präsentiert. Sie kann einiges erleichtern. Diese Einsicht ist ein harter Schlag für den Gutmenschen, der blindwütig nur auf die »inneren« Werte schaut. Wir anderen sind nicht so gut und schauen auch auf die äußeren. Wer diese kleine Weisheit begriffen hat, reist intelligenter. Denn er / sie weiß um die Spielregeln der Welt. Und spielt mit ihnen.

Ich denke nicht daran, jetzt eine Liste der Siebensachen zu veröffentlichen, die jeder einpacken soll. Welche Pickelcreme, welches Durchfallmittel, welche Zahnspange, welche Sockenfarbe (wenn Socken denn sein müssen), ob Angorawäsche oder Armani-Unterhosen, ob Sombrero oder Schiebermütze. Jeder muss selbst herausfinden, was zu ihm passt und was nicht.

Aber ich will etwas über den intimsten Feind des Reisenden sagen. Ich rede jetzt zu dem, der allein reist, ohne Begleitschutz, ohne Freundin, ohne Freund, ohne den Leithammel einer Gruppe. Behaupte ich doch, dass die Erfahrungen eines Einzeltäters (meist) intensiver sind, bisweilen delikater, auch aufreibender. Fest steht: Alle, die sich unbewacht auf den Weg machen, werden von erster Stund an von einem Gespenst beschattet, das sich als hartnäckiger Gegner erweist: der Einsamkeit. Gegen sie heißt es sich wappnen.

Zu Hause kann man Einsamkeit kompensieren, sie besänftigen, sie zerstreuen. Man kann Freunde anrufen, ins Kino rennen, in die nächste Pizzeria, die Glotze aufdrehen, Pornoseiten anschauen, sich volltanken. Die Einsamkeit geht dann nicht weg, aber sie nagt weniger stechend. Alles das kann der

Reisende oft nicht. Ist er einsam, liegen die Freunde längst im Bett. Am anderen Ende der Erdkugel. Kein Cinema weit und breit. Keine Ablenkung, nirgends ein Schluck Schnaps.

Hier nun das absolut notwendige Rüstzeug, um es mit ihr aufzunehmen. Erstens: Ein MP3-Player muss in den Ranzen. Mit den Liedern, die das Herz befeuern. Zweitens: ein Weltempfänger-Radio, um Nachrichten von überall zu hören, BBC, Deutsche Welle, Radio France Internationale, Radio exterior de España, was auch immer. Drittens: ein Buch mit Gedanken, um die Unruhe zu beschwichtigen. Viertens: ein Tagebuch und ein Bleistift, die grandiosesten Waffen, um die Einsamkeit mit Sätzen in den Griff zu bekommen, die wie Heilwasser die geschürfte Seele spülen.

Fazit: Fünf kleine Teile (der Stift soll auch zählen), die leichter sind – ich habe sie einmal vor einer Reise abgewogen – als eineinhalb Heineken-Bierdosen. Nur siebenhundertachtzig Gramm für dieses Erste-Hilfe-Paket.

Dabei sollte niemand vergessen, dass Zeiten kommen, in denen sich das Alleinsein wie eine Spritztour auf dem Glücksrad anfühlt, die man wie ein vor Seligkeit trunkenes Rumpelstilzchen genießt: dass niemand uns umzingelt, keiner dazwischenredet, keiner Rücksicht verlangt, ja, man sofort stehen bleiben und bewundern oder sofort unbeeindruckt weitergehen darf. Und dass man keiner Frau und keinem Mann Rechenschaft schuldet, nicht lügen und nicht notlügen muss. Und dass nie die wild drängende Sehnsucht aufkommt, mutterseelenallein sein zu wollen, irgendwo mitten in der Welt, wunderlich verführt von ihrem Glanz und ihren Geheimnissen. Und dass man – hat man nur Witz und Glück – einer Fremden (einem Fremden) begegnen könnte, die über die Tage und Nächte tröstet, in denen man die Nähe eines anderen bitter nötig hat.

Das Umwerfende an den fünf – meist gut aussehenden – Dingen besteht darin, dass man sie bei Bedarf mit jemandem teilen kann: das Radio, die Musik, das Buch, das Tagebuch, den Griffel. Man glaubt nicht, wie Noten und Buchstaben zueinander führen. Auf einer langen Fahrt im *Blue Train* von Pretoria nach Kapstadt habe ich einmal einer Amerikanerin die englische Version der Liebesgedichte von Bert Brecht vorgelesen, unter vielen das himmlische *Als ich nachher von dir ging*: »Since we passed that evening hour / You know the one I mean / My legs are nimbler by far / My mouth is more serene ...« (Und seit jener Abendstund / Weißt schon, die ich meine / Hab ich einen schönern Mund / Und geschicktere Beine.) Rein zufällig hatte ich den Band am Tag vor der Abfahrt gekauft. »His poems are so beautiful«, sagte die Fotografin irgendwann und folgte mir vom Speisewagen in *Compartment 64*, das mir ganz allein gehörte. Dort las ich weiter. Gerechterweise muss noch angemerkt werden, dass nicht ich Rita entzückte, sondern der Dichter. Aber der stand ja nicht mehr zur Verfügung. So sprang ich notgedrungen ein.

Phantastisch, was ein schmales Buch alles kann. Seine vielen Nebenwirkungen klingen bemerkenswert. Es kann den Einsamen ruhigstellen und es kann zwei Einsame dazu bringen, sich nahezukommen. Nicht viel anderes – noch dazu so formvollendet – kann da mithalten. Zuweilen funktionieren ein paar bedruckte Seiten wie eine Zauberpille: Man schluckt sie gemeinsam und wacht benommen wieder auf. Schön teuflisch, schön unberechenbar. Was könnten zwei Reisende einander an Innigerem schenken, als sich mit Sprache zu verwöhnen und anschließend in einem blauen Zug auf einen Sternenhimmel zu blicken, der verschwenderisch auf ein afrikanisches Land leuchtet?

Zurück zum Rucksack. Noch ein Teil muss rein. Es ist verdammt praktisch und unromantisch. Aber Reisen ist ja auch kein Aufbruch in die Flitterwochen, sondern oft, sehr oft, ein Kampf mit den Unwirtlichkeiten einer anstrengenden Welt. Seitdem ich das weiß, ziehe ich nicht mehr ohne ein Messer, *mein* Messer, los. Das Schlüsselerlebnis hatte ich als 13-jähriger Pfadfinder, der nach einem Gerät suchte, um eine geklaute Birnenkompott-Dose zu öffnen. Zwei Stunden war ich – linkisch und handwerklich auffallend unbegabt – damit beschäftigt, den Deckel zu entfernen. Hätte ich damals schon ein Schweizer Armeemesser (offiziell: *Wenger Schweizer Offiziersmesser*) besessen, ich wäre ohne Schürfwunden und blutig gerissenen Fingernagel an das Obst herangekommen.

Inzwischen, nach vielen Jahren, habe ich den Film »127 Stunden« gesehen: So viel Zeit verbrachte der amerikanische Bergsteiger Aron Ralston in einem Canyon im Bundesstaat Colorado. Die fünf Tage und Nächte brauchte er, um seinen von einem Felsbrocken eingeklemmten (rechten) Arm zu befreien. Sofort fiel mir das Birnenkompott ein, denn auch Aron – dargestellt von dem großartigen James Franco – verfügte über kein rotes berühmtes Taschenmesser. Er hatte es zu Hause nicht gefunden und war deshalb mit einer untauglichen Klinge – *made in China* – losgezogen.

Der Unterschied zwischen dem Schicksal des 28-Jährigen und meinem als Knaben war gigantisch. Ich hätte im Notfall auf ein Kilo Nachtisch verzichten müssen, Aron aber, der leidenschaftliche Naturfreak, wohl auf sein Leben. Denn Hilfe von außen war nicht zu erwarten, zu versteckt lag die enge Schlucht. Bis er das Unmögliche dachte und sich entschloss, den Arm abzutrennen. Was zunächst scheiterte, denn kein Schweizer Stahl war zur Hand, sondern nur chinesisches Blech, völlig untauglich für das Durchschneiden kräftiger Männerknochen. Bis Aron, getrieben von letzter Todesangst, da nun ohne Nahrung und Wasser, zum nächsten Schritt bereit war: sich willentlich Elle und Speiche zu brechen und – noch jenseitiger aller Vorstellungskraft – die Nerven zu kappen. Ich war wenigstens tapfer genug, nicht wegzuschauen, als es (im Film) so weit war.

Gute Story, rühmenswerter Mister Ralston. Jeder, der das Kino verließ, hatte verstanden: »Don't leave home without your Swiss army knife!« Denn die 75 Gramm passen noch in jeden Rucksack. Wie die Liebesgedichte von Brecht. Bedenkt man, was die zwei – Eisen und Papier – alles bewerkstelligen können, dann verbietet sich jede Diskussion.

Bitte Nachsicht, Leser, denn zuletzt soll *noch* etwas obenauf liegen: ein Kissen, groß genug für einen (Normal-)Hintern. Aus Plastik, aufblasbar, praktisch gewichtslos. Dieses Polster kann jeder Mensch weltweit zwischen sein Gesäß und den Boden legen, auf dem er sich gerade befindet. Und sich daraufsetzen, den Rücken strecken, die Augen schließen, den Mund halten und – meditieren. Sich somit ein Zubehör aneignen, das den Reisenden wie die Mutter aller Fertigkeiten begleiten sollte: Achtsamkeit. Wer sie meistert, ist der Zweiäugige unter den Blinden und der Hellhörige unter den Tauben. Den Unachtsamen eben. Er ist ein Meister, Tag für Tag.

Vielleicht doch ein Nachwort zum Ranzen: Vom fernen Himalaja-Königreich Bhutan kam vor Jahren die Kunde, dass alle im Land dafür Sorge tragen sollten, das »Bruttoinlandsglück« zu mehren. Weise Männer und Frauen hatten die Idee, dass Glück möglicherweise mit etwas anderem zu tun hat, als sein dickes Auto vor der Tür des Nachbarn zu parken. 55 Glücksforscher haben sich nun auf den Weg gemacht, die Einwohner nach dem Stand des Frohsinns zu befragen. Mithilfe eines »Bruttoinlandsglück-Erfassungsfragebogens«, 44 Seiten und 249 Fragen schwer. Die zauberhafteste darunter, so vermute ich: »Was sind für Sie die wichtigsten sieben Dinge, um ein glückliches Leben zu führen?« Die Antworten der Bhutaner sind noch nicht ausgewertet, aber wir, wir Weltreisende aus dem fernen Westen, könnten doch sagen: O.k., die ersten fünf haben wir schon abgehakt. Und die letzten zwei? Ach, wie simpel: ein Foto mit den Augen der Liebsten (des Liebsten). Und siebtens? Himmel, das liegt doch auf der Hand: eine Ritter Sport-Schokolade, Nougat. Wer an ihr knabbert, beißt mitten hinein ins Glück.

Tricks

Ich mag die Gutmenschen nicht, sie sind mir zu gut. Ich misstraue ihnen, vielleicht tragen sie nur die Maske des Guten. Zudem haben sie den Kopf voller Flausen statt voller Wirklichkeit. Sie schauen nicht hin, sie schauen weg. Sie wollen die heile Welt, mit lauter heilen Menschen.

Aber die haben wir nicht. Wir haben augenblicklich einen Planeten, der von ziemlich vielen Unheilvollen ruiniert wird. Dass die meisten, also wir – ob nun Gutmensch oder nicht – via Gier am Unheil mitarbeiten, ist ein alter Hut. Denn der große Haufen brüllt noch immer – mit himmelwärts verdrehten Augen wie in einem Dick-und-Doof-Film – nach Wachstum. Der entfesselte Schwachsinn, wie üblich. Ist uns Habsüchtigen, jenen, die von der Sucht nach Haben nie genug bekommen, noch zu helfen?

Reisende sind ein bisschen schlauer. Mit einem Teil ihres Geldes kaufen sie weder Blech noch Beton, sondern so federleichte Sachen wie ein Ticket. Fünf Gramm wiegt das Stück Papier, ist gut anzusehen und braucht keine fünfzigtausend Jahre, um zu verwittern. Es liegt elegant in der Hand und gilt als Passierschein in die Welt. »Erdkunde« einmal anders:

einmal direkt, sinnlich, mit allen Sinnen erfahrbar. Für ein paar Tage, für ein paar Wochen, für ein paar Monate. Zum Vergnügen kommt die Nützlichkeit. Denn Reisen nutzt (auf das Nutzlose komme ich noch zu sprechen) der Gegenwartserkenntnis, der Freude am Leben. Trotz alledem. Trotz der Hyänen, mit denen wir den Planeten teilen müssen.

Zugegeben, das folgende Kapitel ist stark davon beeinflusst, dass ich als Reporter arbeite, sprich, nur immer eine Aufgabe habe: Geschichten zu finden, die es wert sind, dass ein lesender Mensch dafür bezahlt. Mit seinem Geld und – unbezahlbar – seiner Lebenszeit.

Aber jeder von uns, ob nun Schreiber oder einfach nur reisender Weltverliebter, sucht nach Storys, die ihm helfen, seinen Platz genauer zu bestimmen. Über den Umweg der Ferne kommt er anderen nah. Und sich. Nur trauen muss er sich. Und ein paar Tricks sollte er kennen. Damit er haarigen Situationen entrinnt und an die vielversprechenden rankommt.

Wer allerdings zu den geistig eher nachlässig Beschenkten gehört, die uns auffordern, immer stante pede »die Wahrheit« zu sagen, der sollte jetzt mit dem Lesen aufhören. Hätte ich sie immer ausgesprochen, ich säße nicht an diesem Montagmorgen am Schreibtisch, um mich an dem vorliegenden Text abzuarbeiten. Der Ewig-Wahrheitssager ist ein Strohkopf, der nichts vom Weltenlauf und den Weltbewohnern verstanden hat. Denn wir hätten – schleuderten wir uns 24 Stunden pro Tag die nackten Tatsachen um die Ohren – einen Weltkrieg nach dem anderen. In bestimmten Umständen, bestimmten wohlgemerkt, gehört Flunkern oder auf Biegen und Brechen die Wahrheit Vermeiden zu den respektvollsten Handlungen, zu denen ein Mensch einem anderen gegenüber imstande ist. Dass, wieder unter bestimmten Gegebenheiten, die Wahrheit laut und deutlich Aussprechen ein Akt von Zivilcourage und Anstand ist, auch das wissen wir. Wir, die wir bisweilen kichernd und schuldgefühllos schwindeln. Ich pfeife auf das gute Gewissen, wenn es mich am Leben hindert.

Konkret. Ich bin in Néma, in Mauretanien, der letzten Stadt vor der Grenze nach Mali. Ich brauche einen »Ausreisestempel«. Überraschenderweise ist der Stempelbesitzer, so berichtet sein Kollege, bereits nach Hause gegangen. Um drei Uhr nachmittags. Aus dem Afrikanischen übersetzt heißt das nichts anderes, als dass man einen Schein übergeben muss. Damit der Stempel auf magische Weise wieder auftaucht. Aber diesmal – nach manchem Debakel – halte ich eine Finte bereit, die kaum noch zu toppen ist. Ich ziehe eine französische Ausgabe des Korans heraus und lese glaubensfest und pathetisch den dick unterstrichenen Vers 14 aus der Sure vier vor: »Doch wer Allah und seinen Gesandten widerspricht und Allahs Richtlinien überschreitet, den wird er ins Feuer eintreten lassen, darin wird er ewig bleiben. Und für ihn ist eine erniedrigende Peinigung bestimmt.« Dramatischer und höllischer kann man es nicht erfinden.

Die drei Zeilen – obwohl ohne jede Beziehung zu meinem Anliegen – wirkten wie ein Sesam-öffne-dich. »Ah, vous êtes musulman!« Na klar bin ich das. Ich muss folglich ein guter Mensch sein. Für die gibt es jede Erlaubnis. Peng, der plötzlich vorhandene Stempel saust, mit einem herzlichen »Bon voyage« bin ich entlassen.

Bei einem christlichen Irrläufer, diesmal in Amerika, waren nur Christen die besseren Zeitgenossen, Moslems verachtete er. Diesmal wollte ich keine Erlaubnis, diesmal hungerte ich nach Erlösung: in Baton Rouge, in Louisiana, im *Family Worship Center* von Jimmy Swaggart, dem grandiosesten Moralapostel der westlichen Hemisphäre. Und (mehrmals) ertappten Bordellbesucher. Neben den Anhängern des Islams hasste er noch weitere Millionen. Eine Auswahl: die Tänzer, die Rocker, die Schwulen, die Juden, die Kommunisten, die Wissenschaftler, die Abtreiberinnen und – Sex. Den hasste er am verzweifeltsten. Er war berühmt, er war berüchtigt, er war unheilbar geil. Und er konnte heucheln und greinen wie keiner.

An diesem Sonntag in Baton Rouge, nachdem alles öffentliche Wimmern und Stammeln hinauf zu Lord Jesus ein Ende hatte, eilte ich nach vorne zur Bühne, um beim Meister die Absolution zu erbitten. Denn ich müsse, so beichtete ich unter Würgen, Tag und Nacht an nackte Frauen denken. Ob er mich nicht davon befreien könne? Denn nacktes Frauenfleisch konnte unmöglich gottgefällig sein. Und Amerikas begnadetster Pharisäer legte seine warmen Onanistenhände auf mein Haupt und forderte – meisterlich ölig – »Sátanos« auf, zurück zur Hölle zu fahren.

Ich habe unseren Auftritt infam genossen. Niemals wäre mir das Vergnügen dieser Hanswurstiade zuteilgeworden, hätte ich den Mann offiziell – also »wahrhaftig« als Reporter – interviewt. Nichts als einen Sack Lügen hätte er mir überlassen. Ich musste auf sein Niveau hinunter, um ihn auszustellen: als Scharlatan, der von der Unbedarftheit der Massen lebt und mit hochheiligem Schwachsinn bei ihnen abzockt. Die Wahrheit ist scheu, manchmal muss einer Umwege – auch die der Täuschung, der Maskerade – einschlagen, um sie aufzuspüren.

Dritter Vorfall: Ich war in den Vorstädten von Paris unterwegs, um dort über die »braune Szene« zu recherchieren. Mitten unter den Glatzen mit ihren Hakenkreuz-Tätowierungen auf den Nazi-Muskeln habe ich mich schwer gehütet, meine Meinung preiszugeben. Im Gegenteil, ich trat eher als Sympathisant auf, ließ anklingen, dass mir ihr Gedankengut nicht fremd sei. Denn erst, so der Trick dahinter, wenn der andere sich in Sicherheit wiegt, sich angespornt fühlt, macht er auf, plaudert sich aus und breitet ungeniert den ganzen rassistischen Müll aus, der sein Hirn verstopft.

Nicht anders mit einem islamistischen Wirrkopf in Kairo. Nachdem ich ihm das Märchen erzählt hatte (dabei innig meinen Koran schwenkend), dass ich vom Katholizismus zum Islam übergetreten sei, legte er los. Mit den apokalyptischen Visionen einer rabiaten Scharia, die über die Welt herrschen sollte. Wie erhellend sein Sermon. Und wieder begriff ich: Man kann mit Schwachstrombirnen nicht diskutieren, ihnen nicht widersprechen. Man kann sie nur aushorchen und denunzieren.

Fünfter Streich. In Marseille war ich mit Abdelkadar verabredet. Ich hatte ihn vor Jahren in Algier kennengelernt. Inzwischen arbeitete er als Chirurg in einem hiesigen Krankenhaus. Er war noch immer derselbe Kindskopf. Aber mit ihm konnte man Pferde stehlen. So sprachen wir am nächsten Tag beim Rekrutierungsbüro der Fremdenlegion vor. Jener paramilitärischen Truppe der französischen Armee, die für meist dubiose Unternehmen eingesetzt wurde. Ähnlich dubios waren die Legionäre: viele Ausländer darunter, viele Kriminelle. Wir fanden das Bureau, *Recrutement / Jour et Nuit* stand auf dem Schild. Wir läuteten. Um Punkt neun. Wir wollten wissen, ob es in dieser unter schwerem Rassismusverdacht stehenden Stadt *einen* Ort gab, an dem Abdelkadar – der Araber – gleichberechtigt behandelt würde.

Wir stellten uns als zwei »ratés« vor, zwei Versager im bürgerlichen Leben. Doch jetzt hätten wir Lust auf Abenteuer, auf ein Männerdasein. Das gefiel dem diensthabenden Offizier, er blickte mir fest in die Augen und sprach: »Sie gehören der weißen Rasse an, dafür haben wir grundsätzlich Verwendung.« Mit dem Nicht-Weißen gäbe es allerdings Schwierigkeiten. Nur dreißig Prozent des Kontingents seien dafür reserviert. Während Sergeant M. mit der *Kommandantur* telefonierte, um zu erfahren, ob es doch noch eine freie Stelle »pour un arabe« gäbe, lächelten wir uns an, Abdelkadar und ich. Jetzt wussten wir: Diesen Ort gab es nicht.

Auch für diese Übung war ein Griff in die Trickkiste nötig gewesen. Aussagen wie »weiße Rasse immer« und »Araber nur bedingt« existierten offiziell nicht. Nie schriftlich. Man erfährt davon nur, wenn man – in diesem Fall als Reporter – ein Lügenspiel inszeniert. An dessen Ende die Wahrheit auftaucht.

Noch ein paar Kniffe, um Nähe herzustellen zur Wahrheit, zur Tatsächlichkeit: Ich ändere im Handumdrehen meine

Nationalität (wie den Beruf), manchmal bin ich Amerikaner (mächtig), manchmal Schwede (machtlos), manchmal Jude (riskant), manchmal Atheist (auch riskant), manchmal Fundamentalist (ganz gleich welchen Irrglaubens). Ich bin immer das, was der Person, die mir gegenübersitzt, das Reden, das Sichausreden, erleichtert. Selbstverständlich muss ich ihn (sie) richtig einschätzen. Dann »verkleide« ich mich, sodass der andere mich – sprich, das, was ich wirklich denke – nicht sieht. Befinde ich mich unter Ausländern, die ihre Meinung über Deutschland äußern, dann bin ich sicher nicht Deutscher. Denn umgehend würden sie sich zurückhaltender ausdrücken. Aber ich will die Wirklichkeit hören, will keine Konvention, kein unverbindliches Geschwatz.

Könnte ich mir ein anderes Leben wünschen, ich wäre gern Tyll Eulenspiegel gewesen, der sagenhafte »trickster« aus dem vierzehnten Jahrhundert. Ein Listiger, dem viele Mittel (immer gewaltlose) recht waren, um die Realität hinter all den Masken zu entdecken. Zu seinen Lieblingsopfern gehörten die Pfaffen, denn Religion eignete sich schon damals vortrefflich, um als Scheinheiliger unheilig zu leben. Aber Tyll war nie Rächer und Töter, nur immer Schelm, der allen Weihrauchtiraden misstraute. Ein Menschenfreund, der einiges riskierte, um die Freunde von den Feinden zu unterscheiden.

O. k., das waren ein paar Ratschläge für die *hardcore travellers*, für jene, die laut Montesquieu »eine begierige Gemütsart nach neuen und unbekannten Dingen antreibt«. Die folgenden Bluffs taugen für alle, auch diejenigen, die von keinem professionellen Ehrgeiz gejagt werden. Bluffs, die Distanz schaffen und, wenn gewünscht, willkommene Nähe.

Stichpunkt Bettler. Ein Riesenproblem, dem keiner von uns als Reisender entgeht. Wir (Weißen) gehören eben zur *upper class*, zu den Paschas, unser Phantombild ist auf allen fünf Kontinenten bekannt. Sogar Blinde erkennen uns: an unserem Eau de Toilette, an unserem (eher herrischen) Ton, am Klicken jener schweren Gerätschaften, die an unseren Körpern baumeln. Wie gehen wir folglich mit den restlichen fünf Siebteln um, den Habenichtsen? Wie kein Unmensch werden und wie sich gleichzeitig nicht für alles Leid auf Erden verantwortlich fühlen? (Gutmenschen lieben es allerdings, sich schuldbeladen durchs Leben zu schleppen.) Wie Beinlose am Weg übersehen und wie einen Sechsjährigen überhören, der »I am hungry« ruft? Wie den Ruf eines Gestrandeten ertragen, den das Leben um alles betrogen hat? Zähe Fragen, die jeden heimsuchen, der sich auf den Weg macht und dessen Herz noch nicht von Kälte und Sattheit vereitert ist.

Ich habe lange gebraucht, um einigermaßen klar zu werden. Auch zu erkennen, dass ich so edel nicht bin, wie ich mich gern hätte. Und dass weder Bill Gates noch ich die zwei oder drei Milliarden retten können, die mit (umgerechnet) zwei oder drei Dollar pro Tag über die Runden kommen müssen. Kurzum, ich habe ein festes Budget, das ich – Stichwort Welthungerhilfe – täglich ausgebe. Bevorzugt an Alte, die ihre Zukunft schon hinter sich haben. Und an Kinder, die wohl nie eine haben werden. Trotzdem, ich empfinde dabei kein Gefühl von Befriedigung. Weil ich ja mehr geben könnte. Aber nicht tue. Ich rücke das Geld vor allem deshalb heraus, um den anderen kurzzeitig zu befrieden, ihn ruhigzustellen. Während mir selbst das bisschen Cash als eine Art Lösegeld vom schlechten Gewissen dient. Aber es erlöst mich nicht. Das Dilemma bleibt.

Wie dem auch sei, jetzt will ich die Finten aufzählen. Ich habe sie mir hart erarbeitet. Ich greife immer dann auf sie zurück, wenn a) die Penetranz überhandnimmt, sprich, wenn Einmalgeben Zehnmalgeben heißt. Wenn b) ein armer Schlucker ein hinter dem nächsten Eck verstecktes Heer anderer Hungerleider animiert, sich mir in den Weg zu stellen. Oder wenn c) ein prachtvoll muskulöser Kerl vor mir steht, nicht ahnend, dass ich ihn sofort als Schlitzohr verdächtige, das haupt- und nebenberuflich als Faultier unterwegs ist. Ich mag solche Situationen, sie stimulieren meinen Spieltrieb.

Trick Nummer eins, eher solide, aber nur für die Punkte a) und b) verwendbar: umgehend – direkt vor dem Bittsuchenden – mit beiden Händen gleichzeitig die zwei Zipfel der Hosentaschen herausziehen (klug wäre, vorher die Scheine woanders zu verstauen), Subtext: Schau mal, ich bin abgebrannt wie du, kein Nickel weit und breit! Diese fast biblische Geste wirkt erstaunlich überzeugend. Man steht als glaubwürdiger (schändlich outrierender) Besitzloser vor einer grundehrlichen Haut, die nun – meist – einsichtig weiterzieht.

Trick zwei, überall verwendbar: Sobald sich ein Bedürftiger nähert, sofort an ihm vorbei in die Ferne schauen, sofort einer imaginären Figur zuwinken und losgehen. Energisch. So als hätte man einen alten Bekannten gesichtet, den man jetzt unbedingt sehen will, ja muss. Klar, in Richtung eines Polizisten marschieren zeigt natürlich noch mehr Wirkung. Wer Pech hat (wie ich einmal), eilt dann auf einen Ordnungshüter zu, der ebenfalls die Hand ausstreckt. Ich habe sie dann sogleich ergriffen und die schöne Uniform gelobt. Wer nicht geben will, muss preisen. Ist doch auch ein Geschenk, oder?

Trick drei, und auch er kann in allen 194 (offiziellen) Staaten der Welt eingesetzt werden. Er ist ein gar menschlicher Trick, der den anderen, den Bittsteller, zu einem Handel einlädt. So verschwindet der Geruch des Schnorrens und beide fühlen sich besser: Ich sage: »D'accord, ich rücke etwas heraus, aber vorher will ich eine Geschichte erzählt bekommen.« Und den meisten gefällt der Deal. Und sie berichten. Und ist die Geschichte brauchbar, muss sie bezahlt werden. Ohne Widerrede.

Doch in den drängendsten Fällen – in denen keine Storys und keine Fluchtbewegungen mehr aushelfen – greife ich zu einem Ablenkungsmanöver, das an Heuchelei kaum zu überbieten ist. Meine Königsmasche. Sie funktioniert immer in jenen Ländern, in denen Religion noch virulent ist: in den USA, in Südamerika, in weiten Teilen Asiens und Afrika. Da ich als Kind, an jedem Sonntag, in jeder Zehn-Uhr-Messe, selbst Opfer pfäffischer Ergüsse wurde, beherrsche ich den Schmalz »geistlicher« Ergriffenheit perfekt.

Hat man sich also entschlossen, kein Geld zu geben, dann sollte man als hochmoralische Autorität auftreten. Und unbedingt den feierlichen Ton intus haben. Damit das Gesülze tadellos rüberkommt. Etwas Salbungsvolles muss mitschwingen, etwas musterhaft Bigottes. Und der Erfolg – es wundert mich immer wieder – stellt sich ein. Versprochen. Ich bin bisweilen so gut im Vorstellen meiner eigenen, unvergleichlich schicklichen Person, dass mein Gegenüber, das mir gerade noch Geld ablisten wollte, sein ursprüngliches Anliegen vergisst und um missionarischen Beistand bittet. Den ich sogleich großzügig spende (während ich alles Geld behalte). Ich zitiere den Herrgott oder Allah oder jeden anderen Beliebigen, der in der Gegend von sich als Weltenherrscher reden macht. Und predige Anstand und zivilisiertes Betragen, sprich, fleißige Arbeit und den festen Vorsatz, nie mehr zu betteln. Wie Manna fahren meine Sprüche in den Zuhörer. Das ganz Unfassbare: Nach Minuten zieht er gestärkt von dannen, murmelt gerührt einige Dankesworte.

In solchen Augenblicken bin ich hochgradig verabscheuungswürdig, ich weiß. Am verabscheuungswürdigsten in den Augen der moralisch Tadellosen. Doch, ich gestehe, verschiedene Motive treiben mich an: entweder mein kindischer Spieltrieb und / oder die gelegentliche Niedrigkeit, die es beizeiten satt hat, als *holy Andrew* und aller Welt Freund durch die Lande zu ziehen. Ich bin nicht immer sittlich in Hochform. Bin dann eher niedrig, unduldsam, schlecht gelaunt und ziemlich desinteressiert am Lauf der Welt.

Kommt es noch schlimmer, rutscht mir die Hasskappe über die Augen. Dann ruht mein Freundschaftsvertrag und ich brauche einen Tag und eine Nacht, um wieder einer zu werden, der mitfühlen kann, eben einer, der noch immer nicht begriffen hat, warum die einen zu viel haben und die anderen immer nichts.

Nun kommen die anderen Tricks, die auf eher harmlose Weise das Leben des Reisenden erleichtern, ihm helfen, in gewissen Situationen Lebenszeit zu sparen. Und freie Radikale. Wie beim Anblick einer dreißig Meter langen Menschenschlange vor einem indischen Ticketschalter. In einem Bahnhof mit indischen Innentemperaturen und einem Beamten, den schon vor Jahren eine Tsetsefliege stach.

Was tun? So einfach: aus gewisser Distanz mit energischem Blick die Männer checken (Frauen checken Frauen aus), die anstehen. Und dann mit festen Schritten auf einen zugehen, der sich ziemlich weit vorne befindet und – ihn freudestrahlend begrüßen. Als guten Freund, den man doch vor Wochen im Zug getroffen hat. Gleich die Hand hinstrecken, gleich lossprudeln, gleich keinen Zweifel aufkommen lassen. Und dann neben ihm stehen bleiben, sich unbedarft »reinschmuggeln«. So, als hätte der andere auf einen gewartet. Die meisten Opfer einer solchen Charme-Attacke sind viel zu perplex, meist auch zu schüchtern, um zu protestieren. Die Welt gehört den Frechen. So ist es.

Schwer zu glauben, was man alles mit einem vorlauten Mundwerk erreichen kann. Vieles. Ohne Geldscheine, ohne Macht, ohne bedrohliche Gesten. Lauter Dinge, die eher selten zur Verfügung stehen. Nur Chuzpe muss einer haben, etwas wagen. Auch das Risiko, dass man das Spiel verliert. Wie auf einem New Yorker Polizeibüro, wo ich einen *Officer* wissen ließ, dass ich Reporter sei und über sein unverschämtes Benehmen mir gegenüber berichten würde. (Ich hatte mich an einer Ampel auf der falschen Spur eingefädelt und wurde auf das nächste Kommissariat beordert!) Und er mich nur auslachte und darüber informierte, dass es ihm scheißegal sei (»I give a shit«), was ich bin oder nicht.

Pech gehabt, der Grobian war nicht einzuschüchtern. Aber in einem Krankenhaus, keine drei Kilometer von dieser Niederlage entfernt, gelang die Finte: Ein verknackster Fuß musste behandelt werden und eine Bürozicke wollte meine Auslandsversicherung nicht anerkennen. Da der Name der Widerspenstigen auf ihrer Bluse stand, schwenkte ich vor Ms Thompson meinen (getürkten) Presseausweis und äußerte die Absicht, sie namentlich in einem Bericht über »die Zustände hier« zu nennen. Da gab das Weib unverzüglich nach und erklärte meine (nicht getürkte) Versicherung für rechtens.

Ich kann nur jedem Reisenden einen Zwischenstopp auf der *Kaosan Road* in Bangkok empfehlen. Hier gibt es für wenig Geld viel Lebenshilfe: Studentenausweise, Presseausweise, Behindertenausweise. Wer noch mehr Hinterhöfe durchschreitet, bekommt sogar falsche Führerscheine und falsche Heiratsurkunden, ja eine Bestätigung, dass man Arzt ist. Das nutzt und hat noch nie einem Mitmenschen geschadet. Im Gegenteil, es fördert die Völkerverständigung.

Exempel: Die Vorteile der beiden ersten Modelle sind für jeden schlüssig, doch auch eine Bestätigung, dass man gehandicapt ist, kann das Leben erleichtern. Vor allem Leuten wie mir, die sich weigern, die üblichen Flughafenaborte zu betreten. Meist humple ich mit einem (falschen) steifen Bein auf die Behindertentoilette zu oder winke mit einem (echten) frischen Verband in der Hand (um meine angebliche Wunde am Gesäß zu verbinden). Das reicht meist, um das zuständige Personal zum Aufsperren zu überreden. Aber seit mir ein Drachen dennoch den Zugang verweigerte, bin ich gerüstet: mit einem Wisch, der mich als Schwerbehinderten bestätigt und auf dem kein Wort stimmt. Jetzt geht die letzte Tür auf.

Wie auch immer: Sobald ich von innen verriegle, entgehe ich der Erniedrigung, anderen beim − prustenden − Defäkieren zuhören zu müssen. *Privacy happens.* Von keinem gesehen, gehört, ja gerochen zu werden. Und keinen sehen, hören und riechen zu müssen. Auch nicht von *Google Street View* verfolgt zu werden. Sich tatsächlich in einem drei Mal drei Meter großen Raum aufzuhalten, in dem keine Webcam hängt (noch nicht), keiner mich durchleuchtet, keiner mich abgreift und ausfragt, keiner mein Hab und Gut durchwühlt, wo ich einfach still sitzen, still lesen und still mein Geschäft erledigen, ja mich hinterher gründlich putzen darf. Mit Wasser und Seife und überall. Ist das nicht das Glück auf Erden? Der absolute Wahnsinn? In aller Bescheidenheit, aber der Beintrick ist mein bester, keiner hat mir mehr Wonnestunden verschafft. Schwer erleichtert hinke ich jedes Mal davon.

Einen Vorrat gefaketer Führerscheine besitze ich auch (neben einem echten). Da ich mehrmals von Straßenräubern, die nebenbei als Polizisten arbeiteten, aufgehalten wurde, um mich durch die Beschlagnahme meiner *driving licence* zur Herausgabe von Schmiergeld zu animieren, habe ich mir ein halbes Dutzend Ersatzdokumente besorgt. Die halfen vor allem – na wo? – in Indien: Der Bulle glaubt, ich komme am nächsten Tag in seinem Büro vorbei, um das konfiszierte Teil durch Hinterlegung frisch von der Bank geholter Scheine wieder auszulösen. Und ich weiß, dass ich das nicht tun werde. Ich helfe also dem indischen Staat, indem ich einen Akt von Erpressung und Korruption unterlaufe. Soll keiner sagen, eine Schwindelei nütze nicht dem Allgemeinwohl.

Dass auch wir – zu Hause immer gegen die Ausbeutung der »Dritten Welt« wetternd – ausbeuten und korrumpieren: Wir wissen es längst. Jeder clevere Reisende erkundigt sich beim Anflug auf sein Ziel, ob es einen Schwarzkurs gibt und was man pro Dollar / Euro augenblicklich bekommt. Das ist ein Trick, dem wir alle verfallen. Auch jene, die gern als Betroffenheits-Athleten durch die Welt reisen. Die noch clevereren Reisenden kehren allerdings nach jeder Reise um ein paar Grade weniger scheinheilig zurück. Sie wissen um ihre Verführbarkeit. Immerhin hören sie irgendwann auf, sie zu leugnen.

Ich bin längst zu kraftlos, um immer den Vorbildlichen aufzuführen. Natürlich trage ich zur Verwahrlosung der Sitten bei. Und besteche den Schaffner, damit er mir einen Sitzplatz besorgt, den Botschaftsangestellten, damit das Visum schneller auftaucht, den Rezeptionisten, damit ich ein Bett bekomme, den Busfahrer, damit er für mich einen Umweg macht, den Kellner (in Kuba, zum Beispiel), damit er mit seinen Faxen aufhört und endlich etwas zum Essen auf den Tisch stellt.

So greife ich immer dann zu Banknoten, wenn ich auf Situationen oder Leute stoße, die impertinent an meiner Lebenszeit zerren. Jeder Mensch ab einem gewissen Alter hat das Recht, mit ihr – der Zeit, die einem gegeben ist – besonders sparsam umzugehen. Damit sie als »quality time« zur Verfügung steht und nicht beim Herumhocken in Wartezimmern vor die Hunde geht. Es gibt eben zwei Klassen von Zeitgenossen: die Lebenszeit-Bereicherer und die Lebenszeit-Klauer. Die Klauer kaufe ich. Wann immer möglich. Ich wüsste keinen anderen Weg, um sie zu neutralisieren.

Ach, Flunkern macht Freude. Ich habe als Reisender auch schon Doktor gespielt. Wenn Gaffer den Weg versperrten und ich auch gaffen, auch wissen wollte, was hinter der Wand aus Leibern passierte. »Lassen Sie mich bitte durch, ich bin Arzt«, ist ein Satz, der wie eine Fatwa ins Volk fährt. Bin ich dann vorne angekommen, am Schauplatz, dann mutiere ich wieder zu Otto Niemand, bin der harmlose Augenzeuge. Neugierde ist ein anstrengendes Geschäft, das schon. Pausenlos fordert sie Listen und dubiose Manöver, um befriedigt zu werden.

Ein letzter Vorschlag, und er richtet sich vor allen an Frauen. Haben sie doch, gerade auf Reisen, mit einem Problem zu tun, das der anderen Hälfte der Menschheit erspart bleibt. Denn es gibt Männer, die – statt zu verführen – lieber zupacken und grabschen. Eben die Rüpel dieser Welt, die sich für unwiderstehlich halten. Oder für unansehnlich. Oder für unfähig. Viele Gründe gibt es, warum ein Mann eine Frau zwingt, statt sie zu verlocken. Egal, der folgende Rat klingt gut, ich habe ihn von einer Morgenland-Fahrerin, die sich irgendwann – erschöpft von vielen Morgenland-Rüpeln – einen Ehering ansteckte. Nachdem sie sich in Damaskus ein »marriage certificate« (auf Arabisch und Englisch) gekauft hatte. Mit ihrem Bild und dem Foto – guter

Gag – eines finster blickenden Stiernackigen, des Ehemanns, Subtext: »Rühr meine Alte an und du bist tot!« Wie zufällig legte sie die DIN-A4-Beglaubigung immer auf ihren Rucksack, wenn sie in einem Café saß, im Zug, in einem Bus. Als Vorabinformation. Um Zudringlinge in Schach zu halten.

Mich nicht. Denn als ich auf einer Überlandfahrt neben ihr saß (ich schwöre, es war der einzige freie Platz), sprach ich sie auf den Mann mit dem Gewichtheber-Genick an. Und ich erfuhr, dass es ihn nicht gab, er nur als eine Art virtueller Leibwächter diente. Die Frau gefiel mir, sie war clever und empfänglich für die Welt. Und frei im Kopf.

Das Morgenland ist groß und die Fahrt dauerte lang. Und als wir spätnachts das Ziel erreichten, nahmen wir ein gemeinsames Hotelzimmer. Nicht ohne vorher das Redneck-Foto durch mein Konterfei zu ersetzen. Der Rezeptionist war entzückt. Endlich ein westliches Paar mit den gebührlichen Papieren! Als der liebe Nachtwächter den Schlüssel aushändigte, dachte ich wieder an einen Satz, der mich seit meiner Jugend begeistert: »Mundus vult decipi, ergo decipiam!«

Das war der bescheidene Rest aus neun Jahren Lateinunterricht, aber der Aufruf taugt immer dann, wenn ich Herrschaften begegne, die mich mit ihrem moralinsauren Erbsenhirn traktieren, voll von Benimmregeln aus dem drittletzten Jahrhundert. Oder Jahrtausend. Deshalb der Merkspruch eines römischen Satirikers: »Die Welt will betrogen werden, also betrüge ich sie!« So bekommt der Hotelmanager unser (manipuliertes) Eheattest und wir bekommen sein (echtes) Doppelbett. So denkt er, dass Sandra und ich in Einklang mit den himmlischen Weissagungen des Propheten leben. Und wir denken, dass man Unbelehrbare nicht belehren kann. Sondern sie immer schwungvoll, nie tätlich, hintergehen muss. Wieder eine Tat für den Weltfrieden.

Ich hatte ja behauptet, dass man Lebenszeit-Ruinierer nur kaufen kann. Damit sie aufhören, im Weg zu stehen. Das stimmt natürlich nicht. Stimmt nicht so ausschließlich. Es gibt noch andere Hilfsquellen. Folglich sollte ein Reisender mit einem kompletten Werkzeugkasten unterwegs sein. Einem virtuellen, einem superleichten, unsichtbaren, immer praktischen. Da liegen all die Geräte und Instrumente bereit, die er sich im Laufe der Zeit geschmiedet hat. Um es jederzeit mit der Welt aufzunehmen. Und das Wichtigste, der Wunderschlüssel, sollte so ein lässiger Swing sein, so ein Flair, das man der Welt schenkt und um das sie einen beneidet.

Klar, es gibt Weltbewohner, denen man damit nicht imponiert. Weil sie schon verwelkt sind, schon verhornt, schon fertig. Weil sie andere gern für ihr eigenes Unglück büßen lassen. Dann muss man nach den spitzeren Werkzeugen fassen. Zu Misstrauen, zu resoluten Worten, zu (fiesen) Tricks. Ja im Notfall zu den schweren Bohrern greifen – Bestechung, Denunziation, cholerische Ausbrüche. Reisen ist kein Spaziergang durch ein SOS-Kinderdorf. Manchmal lädt es zum Tanzen ein, manchmal zum Catchen. Was allein zählt: dass einer gewappnet ist. Ich will hier kein Anstandsbuch schreiben, will eher etwas loswerden über die Segnungen und Fallen eines Globus, auf dem wir leben.

Nun, ich bin kein Kraftmeier. Weil ich doch immer ohne dicke Muskeln durchs Leben musste. So kann ich nur Wörter verschenken. Oder weiterreichen, da ich sie selbst geschenkt bekam. Wie die folgende Geschichte, *a mini story*, aber sie passt wunderbar zum Ende des Kapitels. Denn wer den rechten Ton trifft, das eine Wort, oder die fünf, sechs entscheidenden Wörter, der zielt mitten ins Herz der anderen. Der kann verführen, viele zu vielem. Auch zum Wichtigsten: zum Mitfühlen. So wäre das einzige Übergepäck, das sich ein Reisender leisten sollte: ganze Schiffsladungen voller Buchstaben. Im Kopf. Dort wiegen sie weniger als null und warten nur darauf, dass man sie hervorzaubert.

Hier nun die kleine Hexerei: In einem Dokumentarclip, den mir Freunde zeigten, sieht man einen Mann sitzen, neben ihm der Hinweis: »I'm blind. Please help.« Einfallsloser kann

man von seinem Malheur nicht reden. So hasten Leute vorüber, kaum einer nimmt ihn wahr. Irgendwann kommt eine
junge Frau, elegant und selbstsicher, sieht den armen Teufel,
schlendert vorbei, kehrt zurück, schreibt etwas auf die andere
Seite des Kartons, stellt ihn umgedreht auf, eilt weiter. Jetzt
regnet es plötzlich Geld, jeder will dem Alten etwas geben.
Später kommt die geheimnisvolle Fremde wieder, der Blinde
fasst ein zweites Mal an ihre Schuhe, erkennt sie und fragt,
was sie geschrieben hat: »It's a beautiful day and I can't see it.«

Der magische Moment: Asien 1

Wie viele Bücher könnte man über die Magie Asiens schreiben? Eine Eisenbahnladung? Oder zwei? Ich ahne es nicht einmal. Aber ich weiß, dass ich jeden beneide, dem auf den knapp 45 Millionen Quadratkilometern Zauber und Abrakadabra begegnen. Weil der Erdteil mich daran erinnert, wie unverschämt kurz das Leben ist und wie verdammt wenig Zeit einem bleibt, um einen Bruchteil davon – von Asien, zum Beispiel – zu erhaschen. Nicht einmal Zeit genug, um einen Bruchteil darüber zu lesen.

Aber angesichts meiner zwei »asiatischen« Geschichten dürfen andere vor Eifersucht erbleichen. Wie eine Aussteuer trage ich sie mit mir herum. Würde der Wert eines Menschen mit der Außergewöhnlichkeit seiner Geschichten steigen, ich müsste um nichts fürchten. Nicht, seit die beiden zu meinen Trophäen zählen, zum Arsenal meiner Antidepressiva.

Die erste Geschichte erzählt von Marouf, den ich in Kabul kennenlernte. Der Siebenjährige war bereits erwachsen. Der Krieg in seinem Land hatte die Kindheit abgeschafft und jeden Knirps gezwungen, sofort Verantwortung zu übernehmen. Marouf arbeitete als jüngster Lehrling in der Werkstatt seines Vaters. Er zerlegte verbeulte Benzinfässer und weggeworfene Munitionskisten. Um das Blech anschließend mit einem Hammer platt zu hauen (schwerer als ein Eimer voller Bleistifte, wovon er nie einen besaß), dann mit einer Zyklopen-Schere zuzuschneiden, dann Löcher zu stanzen. Von sieben Uhr früh bis sechs Uhr abends. Vor der Garage standen die fertigen Öfen und Samoware.

Daoud, Maroufs Vater, hatte zehn Kinder. Wer stehen und laufen konnte, musste mithelfen. Der Vierzigjährige: »Ich habe nur einen Gedanken: Wo kommt das Geld her für die sieben Kilo Mehl, die wir alle zwei Tage brauchen?« Ich fragte vorsichtig, ob so etwas wie Familienplanung stattfände, denn weniger Kinder hieße weniger schlaflose Nächte. Und der Garagenbesitzer: »Ich versuche es, aber Allah macht trotzdem die Babys.«

Fast jeden Tag kehrte ich zu ihrem Arbeitsplatz zurück. Immer knallten die Bleche und immer musste ich einen Tee trinken. Nie hörte ich einen maulen. Eine schiefe Werkstatt stand neben einer anderen schiefen und in jeder schufteten die minderjährigen Schmiede. Nakib, ein Bruder Maroufs, hatte sich inzwischen beim Hammerschwingen die beiden Schneidezähne ruiniert. Ich fragte Daoud: »Warum ist das so? Warum gehen in deinem Land die Kinder nicht zur Schule?« Und der erwachsene Analphabet: »Das afghanische Volk muss bestraft werden.« – »Aber warum denn die Afghanen, gibt es keine anderen Völker zu bestrafen?« Daoud wusste es nicht. Aber so war es. Seine Fähigkeit, Gott zu vergeben, schien größer als dessen Erbarmungslosigkeit.

Eines Tages lud mich der Vater ein, die Familie zu Hause zu besuchen. Für ein Abendessen. Drei Tage später war es so weit. Doch meine Ankunft verzögerte sich um eine Stunde. Das Taxi hatte eine Panne. Und ein paar Hundert Meter vor dem Ziel, weit weg vom Zentrum, musste ich aussteigen. »Too dangerous«, meinte der Fahrer. Es war bereits dunkel. Ich schulterte den Rucksack mit den eingekauften Lebensmitteln und ging los. Und bewegte mich auf ein unauslöschliches Bild zu.

Daoud hatte mich bereits darüber informiert, dass das Haus sehr beschädigt aussähe, aber das war es nicht, das Unfassbare. Es kam, als ich um das Eck einer anderen Ruine bog und auf eine Bruchbude – frei stehend auf dreckiger Erde – zuging, wohl ein Mietshaus, dessen gesamte Fassade weggerissen, weggebombt war, ja die Südseite jeder Wohnung offen und finster dalag. Aber das war es ebenfalls nicht, so bizarr das Wrack aus Ziegeln auch anmutete.

Es war Marouf, der mit einer Kerze in der Hand auf dem Reststück eines heruntergebrochenen Balkons stand. Im dritten Stock, ziemlich genau in der Mitte des Blocks. Ein monumentaler Anblick. Nur die Nacht und das Kind mit dem Licht unterhalb seines Gesichts. Sonst nichts, keine Stimmen, kein anderer Mensch, kein anderes Licht. Ich verstand die Geste als Ausdruck von Wärme. Als wollte mir der Siebenjährige den Weg zeigen. Damit ich mich nicht verirre, nicht in den falschen Bunker laufe.

Ich blieb sogleich stehen. Etwa zwanzig Meter Luftlinie lagen zwischen uns. Ich musste stehen bleiben, um diese Gleichzeitigkeit von Poesie und Irrsinn auszuhalten. Die Welt sah gerade aus wie ein Bühnenbild, begnadet inszeniert vom Zufall, vom Krieg, von der Armut. Mit einem wunderschönen Hauptdarsteller, mit Marouf und seinen wunderschönen afghanischen Augen. Wie ein Stern mitten auf dunklem Himmel.

Ich weiß nicht, wie lange ich da stand. Bald rannen mir die Tränen über die Wangen. Aus vielen Gründen. Wohl auch, weil die Szene nicht formvollendeter hätte sein können. Rein ästhetisch war sie nicht zu schlagen. Sie war wahr, mit nur wenigen Requisiten erzählte sie von der Wirklichkeit dieses Landes. Grandios verwies sie auf eine Tragödie.

Wie ein Geschenk, auf das man nicht vorbereitet ist, kam dieser Moment über mich. Manche Gefühle brauchen lange, bis sie sich an die Oberfläche trauen, andere platzen heraus, sind unaufhaltsam. Wie in diesem Augenblick.

Marouf, der Leuchtturm, der Held, winkte jetzt. Ich riss mich los, wischte über mein Gesicht und ging auf das Trümmerbild zu. Hörte wieder die Dosen im Rucksack scheppern. Vater Daoud beschwerte sich gehörig über mich. Weil ich als Gast die Naturalien mitgebracht hatte. Aber mein Schwindelsatz – ich wusste, dass er gebraucht würde – lag schon bereit: Es handelte sich um eine Sonderspende des Roten Kreuzes! Nur heute gültig! Diese Ausrede schien (gerade noch) akzeptabel und Nuria, die Frau, begann an ihrem Steinzeitofen mit der Zubereitung. Ich lüge mit Freuden, wenn es das Herz eines stolzen Afghanen beschwichtigt.

Es wurde ein feines Abendessen für uns dreizehn, mit dem Fleisch, dem Gemüse, der Nachspeise. Und dem gebackenen Brot der Mutter. Zehn Kilo Büchsen hatte ich mitgebracht und nicht ein Gramm blieb übrig. Nur die Kerze, sie flackerte noch immer.

Der Körper

Ohne Körper geht keiner auf Reisen. Für einen Reisenden ist er sein Ein und (fast) Alles. Vorbildlich wäre, wenn er, der Body, sich in Bombenform befände. Damit er es mit den Zumutungen des Weg und Davon aufnehmen kann: der Schlaflosigkeit, dem Jetlag, den Abgasschluchten, den fünfzehn Kilo Rückenlast, der Hitze, der Enge, der Kälte, der Nässe, den Läusen, dem Lärm, den fünf Millionen Viren, der Drangsal der Massen, den freien Radikalen, den Taschendieben, den Halsabschneidern, den Schafsköpfinnen und Schafsköpfen, dem Alleinsein, dem Paarsein, dem On-the-road-Sein, mit allem eben aufnimmt, was – einschüchtert. Wohl der Grund dafür, warum sich so viele als Gesamtpaket über einem Strand mit Hotelanschluss abwerfen lassen. Da lauern keine bösen Überraschungen. Aber auch keine bestechenden.

Die anderen aber, die Reisen als Betreten einer – für sie – neuen Welt begreifen, als ein unschlagbares Mittel, zumindest einen Teil vom abersinnigen Reichtum des Lebens zu erfahren, die sollten darauf achten, dass ihr Leib beweglich bleibt. Dass die vier Gliedmaßen funktionieren, sie rennen können (weg von beißenden Kötern), springen können (auf abfahrende Züge), ja, ihnen zusätzliche Muskeln zur Verfügung stehen (um als Gentleman Damen beim Verstauen des Gepäcks zu helfen). Biegsam sein, behände, reaktionsschnell, lauter Wunder, um deren Erhalt sich einer kümmern muss. *Vor* dem Losgehen. Damit er anschließend – on tour – das Glück begreift, über Reserven zu verfügen, von denen er bis zur Stunde nichts wusste.

Zuletzt: den Körper bisweilen erschöpfen, auch das ist Glück. Weil man ihm zuschauen darf, wie er einknickt, wie er den Kampf aufgibt. Das sind wundersame Übungen der Demut, der Dankbarkeit, der Einsicht in die eigene Verwundbarkeit. Kaum auszuhalten die Freude dann, wenn man – nach dem Absturz – wieder auftaucht, Stunden oder Tage später wieder einen Körper vorfindet, der stark ist, der einen nicht verlassen hat. Wie einen Freund nimmt man ihn in diesen Augenblicken wahr.

Three little storys. Die erste spielt in Äthiopien: sechzehn Kilometer Fußmarsch, rucksackbepackt, auf den Mount Ziqualla zu. Der nächtliche Regen hatte die Erde aufgeweicht, bei jedem Schritt hafteten dicke Klumpen an den Stiefeln. Man ging wie durch tiefen Pappschnee ohne Schneeschuhe. Am frühen Nachmittag begann der Aufstieg, 2989 Meter hoch. Infolge irriger Auskünfte nahm ich die falsche Route. Umkehren und neu anfangen. Ich rauchte, um die Fliegenpest zu vertreiben. Nach sechs Stunden – jede fünfzig Meter waren ein Triumph – landete ich oben. Ich halluzinierte und sah eine kleine verbuckelte Frau in weißen Kleidern. Ich zitterte und hörte mich flüstern: »Shai, shai.« Und die Bucklige lächelte und antwortete: »Yes, yes, shai, shai«, nahm mich bei der Hand und führte mich durch das Dorf zu ihrer Lehmhütte. Auf jede Tür war ein Kreuz gemalt. Nein, keine Schimäre jagte mich, hier lebte die uralte orthodoxe Kirchengemeinde, die ich besuchen wollte. Hier oben, dreitausend Meter näher dem Himmel, beteten und fasteten sie. Und retteten gerade einen Wildfremden. Sadal sperrte auf und zwei Mönche legten mich auf die einzige Holzpritsche, Feuer wurde gemacht, jemand suchte zwei Wolldecken für meinen jetzt schüttelfrostigen Körper, der Tee kochte irgendwann, einer reichte Bohnen und drei hart gekochte Eier. Als ich flachlag, zogen sie mir behutsam die Stiefel aus und Bruder Mariam wusch sanft die blasengeschundenen Füße. Er tat es so achtsam und mit so viel Leichtigkeit, dass ich es ohne Scham annehmen konnte. »No problem here«, zwitscherte er heiter, »everything happy.«

Schauplatz Asien. Ich fieberte in einem drittklassigen Hotelzimmer, in Indien. Rapider Herzschlag, Hitzewallungen, Gliederschmerzen, das Thermometer stieg auf 39,7°, ich dampfte. Zweimal schaute ein Arzt vorbei, jedes Mal gab es eine Antibiotika-Spritze in den Hintern. Ohne Wirkung. Ich schien zu schwach, um ein Buch in die Hand zu nehmen (die unverzeihlichste Schwäche) und jede Nacht kam der Keuchhusten. Mit Auswurf, gelbgrün, dazwischen Blut. Neben dem Bett stand ein Kilo Medikamente, die ich seit drei Tagen schluckte. Mit dem Ergebnis, dass ich glühend und feucht wie ein Bettnässer auf dem Leintuch lag.

Ein anderer Arzt klopfte an (der erste hatte mich aufgegeben), ein stiller Herr. Ich sah nun aus wie einer, der sich aufs Abkratzen vorbereitete. Der freundliche Onkel Doktor verpasste die obligate Spritze und empfahl Orangensaft. Indien ist voller Geheimnisse. Ich deutete mit den Augen auf meine Börse. Er sollte sich bedienen und verschwinden. Als er den Schein herausnahm, fielen mir seine schönen Hände auf. Für Sekunden war ich versöhnt. Dann donnerte in der Lobby eine Musikkapelle los, eine Hochzeit begann. Ich wurde sarkastisch und dachte, nur Verheiratetsein müsse grässlicher sein als mein Zustand.

In der vierten Nacht nochmals der Versuch, mich zu entleeren. Da ich die Woche zuvor Opium geraucht hatte, ließen sich die Schließmuskeln nur schwer überreden. Wie ein todmüdes Krokodil glitt ich aus dem Bett, kroch bäuchlings – mit dem rechten Fuß einen Stuhl nachziehend – Richtung

Bad. Es gab keine Kloschlüssel, nur ein Loch im Boden. Da ich über keine Kräfte verfügte, mich per Hocke einzurichten, brauchte ich das Sitzmöbel. Als ich endlich auf ihm saß, raste mein Herz vor Anstrengung, wieder der bellende, den Torso schindende Husten. Eine kleine Todesangst meldete sich, plötzlich der Gedanke, ohnmächtig zu werden. Und ich wurde ohnmächtig. Als ich aufwachte, lag ich neben dem Loch, die Oberschenkel voller Urin.

Am nächsten Morgen fuhr ich, bleich und welk wie ein Wiedergänger, ins Krankenhaus. Dort gab es den einen, der sich auskannte. Er nahm mir Blut ab und weissagte, was sich später als richtig herausstellen sollte: Erschöpfung, Dengue-Fieber, zu viel Leben, zu viel Indien.

Die letzte Szene, diesmal in Deutschland. Ich war seit knapp einem Monat von Paris nach Berlin unterwegs, zu Fuß und ohne Geld. Jeden Tag vierzig Kilometer weit. Auf einer solchen Reise bekommt man es mit vielen Problemen zu tun, doch als das brennendste — teuflisch wörtlich zu verstehen — erwiesen sich die Füße. Sie winselten, sie jaulten, jeder Schritt war ein Tritt in ein Flammenmeer. Und irgendwann, an einem sechsten Juli, war das Ende erreicht, die Grenze des Zumutbaren. Nach jedem halben Meter raste ein Elektroschock hinauf ins Hirn. Wie vegetierende Fleischstummel nahm ich meine Zehen wahr, wie in kochendem Wasser schwimmend die Sohlen. Als ich die Stadtgrenze nach Artern (etwa fünfzig Kilometer nördlich von Weimar) überschritt, beschloss ich, das nächste Hospital aufzusuchen, mich auf die Knie zu werfen und tränenreich um eine Morphiumspritze zu flehen. Ich suchte Erlösung, ich war bereit für den Offenbarungseid.

Er nutzte nur bedingt. Die zuständige Ärztin im Krankenhaus besaß kein Wundermittel, ja nicht einmal Tetanus stand im Regal. Aber sie mutete sich die (sicher nicht geruchsfreien) Füße zu, das Blut, den Eiter, den Schmutz, das Gegreine des Patienten. Und reinigte und stillte und wickelte und füllte eine Tüte mit Schmerzmitteln, Verband und Pflaster. Und organisierte acht Wurstbrote und acht Gurken und eine Kanne Tee, zum sofortigen Verzehr. Und schrieb einen Überweisungsschein für den »Verrückten«. Mit dem Kompliment zog ich weiter und stand am nächsten Tag wieder vor einer Frau. Einer Frau mit einer Tetanusspritze. Eine Woche später lief ich in Berlin ein. Wieder mit brüllenden Füßen. Aber am Ziel. Sicher haben sie geweint vor Glück.

Was verbindet die drei Geschichten mit einer Gebrauchsanweisung für die Welt? Alles, na ja, vieles immerhin. Weil einer sich mitunter aufreiben muss. Denn das Aufreibende ist der Eintrittspreis für die Welt. Sie ist eine launische Geliebte und sie will erobert werden. Das Buch heißt ja nicht »Gebrauchsanweisung für drei Wochen Vollpension«, sondern ist für jene geschrieben, die bereit sind, »bar« zu bezahlen. Eben auch mit Schweiß, mit Verzicht, mit dem tief verinnerlichten Wissen, dass einer etwas hergeben muss, um etwas – die Welt! – zu bekommen. Verfügt folglich jemand über einen Kopf mit Hirn und einen folgsamen Leib (der die Befehle des Hirns erledigt), dann ist er nicht schlecht gerüstet. Nur das Wichtigste fehlt noch, das immer Entscheidende: das Herz, das Beherzte, dieses unsichtbar Wesentliche, das wie eine Peitsche darüber wacht, wachen sollte, dass das Leben nicht im bürgerlichen Trott absäuft, nicht zuschanden kommt im Getriebe rastlos-sinnloser Betriebsamkeit. Das Leben soll glänzen und das Herz soll dafür Sorge tragen, dass der Glanz nicht schwindet.

Die drei Episoden haben aber noch etwas, wieder einmal, demonstriert. Eine Erfahrung, die jeden Reisenden versöhnt: Immer tauchte zuletzt jemand auf, der Hilfe anbot. Jemand, der sich rühren ließ von der Not eines anderen. Wärme passierte, das anrührende Gefühl, dass andere mitfühlen.

Ein Nachtrag. Ich weiß nicht, wie es anderen geht, aber ich brauche Vorbilder. Zeitgenossen, an die ich denke, wenn ich ermatte. Wenn ich davonlaufen und brav sein will. Ich hole mir diese Vorbilder, indem ich mich ganz bewusst an Leute erinnere, die körperlich behindert sind. Nun, kaputt zu sein, ist noch kein Verdienst. Außergewöhnlich wurden diese Männer und Frauen erst, da sie an der Behinderung nicht zerbrachen, sondern wuchsen. Eben über eine Kraft verfügen, eben das Innige, das es mit ihrem Handicap aufnahm. Sie besitzen etwas, vermute ich, an dem wir anderen – wir Unversehrten – nicht teilhaben. Quellen, an die jemand womöglich nur rankommt, weil ihm etwas fehlt.

Ich habe zwei Dutzend Namen im Kopf, aber ich habe sie nie persönlich getroffen, nur ergriffen von ihnen gelesen. Und meist geheult vor Bewunderung und Fassungslosigkeit. Wie bei der Geschichte von Philippe Croizon, dessen Körper 20 000 Volt durchrasten und der nach drei Monaten Intensivstation als Torso – ohne Arme und Beine – zu seiner Familie zurückkehrte, ja wie ein Übermenschlicher dieses namenlose Desaster annahm. Und sechzehn Jahre später durch den Ärmelkanal schwamm, immer auf der Suche nach Beweisen: dass er lebt! Nicht als Siecher, sondern als Mensch, der sich nicht besiegen lässt. Das Unbändige an ihm, dieses Sich-nicht-bändigen-Lassen, das scheint mir das Packendste an diesem Franzosen.

Und jetzt noch zwei Tapfere, die ich persönlich kenne: zuerst Tessy, die wilde Tessy. Sie schrieb mir einmal als Leserin und heute ist sie eine Freundin. Seit fünf Jahren, seit einer Operation (Gehirnblutung), sitzt sie im Rollstuhl, halbseitig links gelähmt, unheilbar. Wie ihre nächtlichen Spasmen in den Beinen. Wie ihre Schmerzen (dank Voltaren immerhin erträglich). Damit der Körper nicht weiter verkümmert, kommen viermal die Woche vier Engel zu ihr und behandeln sie, physiotherapeutisch, ergotherapeutisch.

Um jedoch den Geist beweglich zu halten, liest sie, denkt sie, »beutet« jeden aus, der ihr in die Quere kommt. Und fragt nach seinen Gedanken. Oder lässt sich ins Theater schieben, in Konzerte, ins Kino, in Lesungen. Seltsam viele Leute gibt es, die ihr nah sein wollen, sie abholen, sie raufhieven, sie runterhieven, sie chauffieren. Wenn wir uns sehen, dann rauchen wir einen Joint, erzählen uns schlechte Witze und reden über das Wunder von Literatur und Sprache. Jedes Mal staune ich darüber – und ähnlich geht es wohl all ihren Freunden und Bekannten –, dass man in ihrer Nähe nie den Ergriffenen vorführen, nie die Betroffenheitsvisage aufsetzen muss. Ihr dreckiges Lachen schützt uns vor den falschen Gesten, dem falschen Ton. Tessy will kein Opfer sein, sie will Frau sein und sie will leben.

Von einem dritten Außergewöhnlichen soll zuletzt die Rede sein, einem Kollegen, einem Schreiber: Andreas Pröve. Als junger Kerl flog er vor dreißig Jahren mitsamt seiner Yamaha aus der Kurve. Und blieb querschnittgelähmt liegen. Viele Monate mussten vergehen, bis er begriffen hatte, dass sein altes Leben nie wieder zurückkehren würde. Und er irgendwann beschloss, als Ex-Tischler auf Rollstuhlfahrer, Weltreisender und Schriftsteller umzusatteln. Als Autor habe ich ihn über sein Buch »Erleuchtung gibt's im nächsten Leben« kennengelernt. Viele Szenen seines Trips durch Indien sind so hanebüchen und aberwitzig, ja auf so grandios absurde Weise von ihm, dem (praktisch) Beinlosen, gemeistert, dass ich immer wieder mit schallendem Gelächter aufhören musste zu lesen: um den Irrwitz der Situation zu genießen, um mir bildlich vorzustellen, wie anders man mit dem Leben und seinen Tücken umgehen kann. Dass Pröve zudem sein Handwerk beherrscht und mit Sätzen überrascht, die wie Lichterketten durch das Herz des Lesers ziehen, macht die Lektüre doppelt erfreulich. Und dass er, zuallerletzt, sich als Mensch, im direkten Kontakt, frei von Dünkel und Pose bewegt, das sichert ihm alle fünf Sterne. Wer ihn liest und sieht, der lernt etwas über den »Gebrauch« der Welt, lernt etwas von einem, der mit seinem halben Körper zu mehr Leben und Neugierde inspiriert als Heerscharen fad-mutloser, ganz und gar intakter Zweibeiner.

Fortbewegungsmittel

Das ist kein schönes Wort, aber zwei schöne Worte befinden sich in dem langen unschönen: »fort« und »Bewegung«. Fort dürfen und sich bewegen können, das sind glorreiche Aussichten. Eine eindeutigere Metapher für das Leben wurde bisher nicht gefunden, klarer kann man es sich nicht vorstellen: Ich bewege mich, also bin ich, also lebe ich. Tote sind bewegungslos, sie sind immer nur tot.

Die Mutter aller Vehikel sind die Beine. Seit dem Zeitpunkt, an dem vor knapp zwei Millionen Jahren der Menschenaffe zum Homo erectus avancierte und das Geradestehen und das Geradegehen lernte. Das muss ein grandioser Fortschritt (fort-schreiten) gewesen sein: nicht mehr auf vier Pfoten durch die Savanne zu streichen, sondern mit aufrechtem Gang zu wandern. Hätte ich damals gelebt, mir wäre sicher aufgefallen, dass Gehen sexy ist. Tausend Mal sexier als Kriechen. Sieht es doch elegant aus, irgendwie unbekümmert. Natürlich nur bei denen, die mit offenem Gesicht auf die Welt zugehen. Die »da« sind, die sie wahrnehmen und fühlen. Schlurfen ist unsexy, Rundrücken (vom vielen Fläzen auf der Fernsehcouch) und abwesende Augen auch. Gehen und sich bewusst sein, dass man geht: seine Muskeln empfinden, die Sehnen, die Hüften, das erhebende Feeling, sich lebendig zu spüren.

In Los Angeles nennen sie einen »pedestrian« eine Person, die zu Fuß auf ihren Wagen zugeht. Deshalb sehen 65 Prozent der Einwohner wie geplatzte Kürbisse aus. Sie gehen nicht mehr, sie wanken nur noch, schwer gebeutelt von Fresssucht und Trägheit. Auch sie haben ihre sexy Tage schon hinter sich, auch sie haben vergessen, dass Gehen ein Vergnügen sein kann, eine Beschäftigung, die noch ganz nebenbei dem Körper zu Anmut und Wohlbefinden verhilft. Ich warte auf den Kran, der sie vom Küchentisch in ihr Auto hievt. Damit auch die letzten Spuren von Sinnlichkeit – Gehen ist sinnlich – aus ihrem Leben verschwinden.

Ach, wenn sie wüssten: von den Glückshormonen, die ein Reisender ausschüttet, wenn er in einer fremden Stadt ankommt und – zu flanieren beginnt. In Schrittgeschwindigkeit alles entdeckt, was ihm fremd ist. Inniger und umwegloser kann einer nicht lernen. Ununterbrochen an Farben und Gerüchen, an Lauten und Sprachfetzen vorbei, die er nicht kennt, nie gesehen, nie gerochen, nie gehört hat. Nichts trägt ihn näher heran als seine Beine. Ohne zu hupen, ohne Bremsweg, ganz sacht und unauffällig kann er stehen bleiben, braucht keine Parklücke und keinen Parkwächter. Und steht. Und starrt. Und staunt. Reisen kann verblüffend unspektakulär sein: keinen Wasserfall sieht er, keine Löwenherde, keinen Breakdance-Weltmeister, keinen Jongleur mit 24 Suppentellern, nein, nur den Alltag einer fremden Welt. Wer dann genau in sich hineinhorcht und inzwischen begriffen hat, dass *dieser* Augenblick des Zaubers nie wiederkommt, der wird ein bisschen überschwappen vor Glück: weiß er doch wieder, dass die Welt anschauen zu den sieben Wundern eines Menschenlebens gehört.

O. k., ich habe schon von einem gehört, der auf Stelzen durch Sibirien ging. Um auf das weltweite Umhauen der

Wälder aufmerksam zu machen. Von einem anderen war zu lesen, dass er mit einem Bein vom Nordpol zum Südpol hüpfen wollte. Sicher, um uns an das Verschwinden der Eisberge zu erinnern. In Lhasa sah ich tibetische Mönche, die den weiten Weg von ihrem Dorf per Prostration zurückgelegt hatten: bäuchlings, sie also die Beine nur noch benutzten, um sich aufzurichten und ein weiteres Mal auf den Boden zu werfen. Somit jedes Mal eine Körperlänge näher dem *Jokhang Temple* kamen. Als »Demutstraining«, so erklärte es mir ein Pilger, »vor dem Göttlichen«.

Mir ist jeder Irrsinn recht, solange ich nicht dazu gezwungen werde. Ich selbst will nur schlendern dürfen, mit nichts als meinem Paar Beinen. Will nicht ins Buch der Rekorde, will nicht als bizarrer Vogel bekannt werden, will mich vor keinem Menschen – und erst recht vor keinem Gott – in den Staub krümmen, ja will nichts wissen von »holy places«, will nur jedem seinen Aberglauben vom Jenseits ausreden und ihm zurufen, dass wir nur *einen* heiligen Platz haben und nur *ein* heiliges Leben: die Erde und das bisschen Lebenszeit, das uns auf ihr vergönnt ist.

Doch wie gut, dass wir uns im Laufe der vielen Jahre noch ein paar andere Fortbewegungsmittel zugelegt haben. Da ja auch die muskulösesten Waden irgendwann müde werden und da der Mensch so oft so unheimlich klug ist, hat er – und das ist die Mutter aller mechanischen Erfindungen – das Rad entdeckt. Wüssten wir den Namen dieses Vorfahren (Vorfahrin?), wir müssten ihm (ihr) posthum alle möglichen Nobelpreise umhängen. Denn das Rad ist eine Sensation und jedes Mal, ja, jedes Mal, wenn ich auf meinem Fahrrad sitze, überkommt mich dieses sensationelle Gefühl. So leise ist es, so schwungvoll, so nervenschonend, so energisch fordert es meinen Körper, meine Aufmerksamkeit, meine Lust, gewitzter zu sein als alle (Pariser) Autofahrer, die meist stillstehen und grimmig einen vorbeiziehen sehen, der es nicht einmal auf eine halbe Pferdestärke bringt. Ich bin dann Triumphator, der sich rühmt, zwei, drei Dinge radikaler kapiert zu haben als die Einsamen in ihren Blechkisten: die ungut riechen, heftig lärmen und nur mühsam vom Fleck kommen.

Nun, ich will hier nicht als Latzhosenträger mit Birkenstockschuhen auftreten. Autos haben ja auch Räder und durchaus unnachahmliche Vorteile. (Sagen wir, *vor* den Stadttoren.) Zudem können sie zum Weinen gut aussehen. Natürlich nicht das Massenblech, das hundertmillionenfach als hässliche Warze unsere Straßen verstopft. Aber mit einem gelben *MG Cabrio* über die Prärien Kanadas flitzen, so nebenbei auf das fliegende Haar der Freundin blicken und gleichzeitig mit Vollgas in eine Tiefenschärfe hineinfahren, die wir in Europa nicht mehr kennen: lauter Klischees, die ich ohne einen Wimpernschlag schlechten Gewissens genossen habe. Mit Celeste wollte ich auf keinem Tandem sitzen, mit ihr wollte ich angeben und schnell sein und mich einmal mehr vergewissern, dass nichts Schöneres ist als die Schönheit einer Frau und – gleich dahinter – die Schönheit der Welt.

Ich bin also nur zeitweise Autohasser. Zu oft habe ich die Dinger gebraucht, zu oft bin ich mit ihrer Hilfe an Orte gelangt, an die mich kein anderes Gefährt transportiert hätte. Ob als Reporter oder einer wie all jene, die nach Landschaften und Erdbewohnern hungern. So sollte als Punkt 376 der Bedienungsanleitung für die Welt stehen, als ganz schlichter Hinweis: Führerschein besorgen! »B« für die Automobile und »A« für die Zweiradfreaks mit ihren »Krafträdern«. Dank eines umtriebigen Bruders saß ich als Vierzehnjähriger auf einem Vespa-Moped, später auf einer DKW 250, zuletzt auf einer Moto Guzzi V7 (700 ccm). Der Ältere war so geduldig mit mir (auf abgelegenen Landstraßen), dass ich für die Prüfung genau *eine* offizielle Fahrstunde absolvieren musste.

Zwanzig Jahre später bat mich die Redaktion von GEO, eine Reportage über die Route 66 zu schreiben, die erste, 1926, eröffnete Herzschlagader Amerikas, die zweispurig und asphaltiert von Ost nach West, von Chicago nach Kalifornien, führte – 3500 Kilometer lang. Und hätte ich das Motorradfahren nur für dieses eine Mal gelernt, ich hätte nichts bereut: Ich kann nicht sagen, ob es eine Straße gibt, auf der sich mehr Märchen, Wunderlichkeiten, Wahnsinn, zerbrochene Träume und phänomenale Wonnen abspielten. Sie hat alles gesehen. Immer hat sie irgendwen zu einer Großtat verführt: Ein 78-Jähriger schob seinen Schubkarren von L. A. zum Michigansee, einer transportierte seinen Rucksack die volle Strecke in einem Einkaufswagen, der dritte ruhte nicht eher, bis er Frau und sieben Kinder in einem Leichenwagen an den Pazifik gekarrt hatte, der vierte probierte den Highway mit einem arabischen Wallach aus, die nächsten Tausend rannten um die Wette, im Laufschritt, im Stechschritt, im Galopp. Fröhliche, bärenstarke Spinner, die genau das befolgten, was im Refrain des berühmtesten Songs über sie zu hören war: »Get your kicks on Route SIX-TY-SIX!« Lass die Sau raus, hol dir den Kitzel, das Feuer, die pure Lust. Nat King Cole hatte den Schlager zum ersten Mal gesungen, viele Musiker haben es ihm nachgemacht, bis hin zu den *Manhattan Transfer* und den *Rolling Stones*.

Ich weiß es noch genau: Als ich in Albuquerque mit einer geliehenen *Kawasaki CSR 1000* losfuhr – einem Truck auf zwei Rädern, mit fast hundert PS und Rückwärtsgang – und durch das von den Göttern geschmiedete New Mexico brauste, da dachte ich an die 81 Mark, bitter und zäh gespart, die mich der A-Führerschein gekostet hatte. Und mir kamen die Tränen – des Glücks. So muss Punkt 377 der Anleitung zur Welt lauten: Verzichten lernen! Damit die größeren Träume gelingen. Nicht zuhören den Dünnmännern (und Dünnfrauen), die uns rastlos jeden dämlichen Gimmick aufschwatzen wollen. Aber nie einen Veitstanz der Freude im Angebot haben, nie den Blick in das blaue Wunder Himmel, nie das verheerend umwerfende Gefühl, am Leben zu sein.

Nun, die exotischen Hilfsmittel der Fortbewegung sind in ein paar Zeilen abgehandelt. Ich habe es sogar auf den

Rücken eines Elefanten und eines Kamels geschafft. Als Touristengaudi. Vielleicht habe ich insgesamt fünfhundert Meter durchgehalten. Dann musste ich wieder absteigen. Mit einem Gefühl, das ich bereits vor dem Hochklettern hatte kommen sehen: zu behäbig, zu verbummelt. Herrliche Tiere, aber ja. Groß und stolz, aber jaja. Wochen später las ich einen Satz von Théodore Monod, *dem* Wüstenmann, *dem* Wüstenforscher, der mich beruhigte, denn der Franzose sprach es knallhart aus: »Man langweilt sich furchtbar, ein Tagesritt auf einem Kamel ist tödlich, man kann nie lesen.«

Irgendwann sattelte ich auf einen Esel um. Ganz unherrlich, zudem struppig und nie und nimmer vom Aussterben bedroht. Aber nach einem kräftigen Klaps auf die rechte Hinterbacke fing er zu wetzen an. Sobald ich eine Ahnung von Fahrtwind spürte, verliebte ich mich in ihn. In »Texas«, so hieß das Muli. Mitten in Thailand. Wir schafften es sogar jeden Tag ins nächste Dorf, dort gab es ein Café. Und ich war dann endlich das, wovon ich als Kind schon geträumt hatte: Cowboy, der seinen Gaul anbindet und den Saloon betritt. Dann allerdings kam der Stilbruch, denn statt eines Colts zog ich ein Buch. Trotzdem, es war wunderschön. Lesen, rauchen und draußen vor der Tür Texas, der treu auf mich wartete. Bis wir zurückstiebten.

Auf hohe See mag ich auch nicht. Nicht als Held, der den Gewalten trotzt und über den Atlantik rudert. Nie gewagt. Nicht als Passagier auf Dampfern, die ganze Erdteile verbinden. Gewagt und depressiv zurückgekehrt. So exquisit fad war es, so gefangen auf hundert mal zweihundert Metern fühlte ich mich mit tausend anderen Gefangenen. Ich bin Landratte, ich mag den Boden spüren.

Sobald ich anfange, an die Zukunft zu denken, will ich abhauen dürfen. Was ja mitten auf einem Weltmeer nicht funktioniert. Solche Phantasien sind ein untrügliches Zeichen dafür, dass ich mich am verkehrten Ort befinde. Weil ich aufhöre, im Augenblick zu leben, weil der Kopf längst den Leib verlassen hat und sich in anderen Weltregionen herumtreibt. Wo er mehr Aufregung und Innigkeit vermutet als im Hier und Jetzt auf dem Luxusschiff.

Folglich, fett anstreichen im Brevier des Reisenden: *Vor* dem Kauf eines Tickets sehr achtsam Hirn und Herz befragen. Ob sie *das* wirklich wollen. Ob es dem eigenen Naturell zuträglich ist, dem Verlangen nach Intensität, der Sucht nach Leben und Erkenntnis. Ob einer süchtig ist nach täglich sieben (ich war da!) geregelten Mahlzeiten und der immer gleich müden Aussicht aufs Wasser? Ich zweifle. Wenn zudem noch am Tisch – drei Wochen lang – die fünf handverlesen griesgrauesten Zeitgenossen Mitteleuropas sitzen, dann hat der Zweifel ein Ende und man weiß: Hier bin ich falsch. Hier will ich nie wieder sein. Hier bin ich tot.

Bevor ich zum Höhepunkt komme, zum Vehikel aller Vehikel (lateinisch *vehiculum / W*agen, Sänfte, Fuhrwerk), zum absoluten Traumgefährt, sei noch kurz ein Abstecher in den Albtraum erlaubt: ins Flugzeug. Reden wir nicht von abenteuerumwehten Helden wie Antoine de Saint-Exupéry, der in den 20er-Jahren des letzten Jahrhunderts mit einmotorigen Maschinen von Marseille nach Buenos Aires flog (und zurück), nicht vom Schneider von Ulm alias Albrecht Ludwig Berblinger, der am 31. Mai 1811 gegen 17 Uhr tollkühn in die Donau flog (statt wie geplant über sie), reden wir von den modernen Zeiten, reden wir von Airbus, Boeing, McDonnell Douglas und Co.

Schon die Häfen, in denen sie andocken, sind diese Nicht-Orte, die in jedem sensiblen Zeitgenossen einen Brechreiz auslösen: die weltweite Gesichtslosigkeit, die hässliche Uniformität, die ewig gleichen Boutiquen, die ewig gleichen Duty-free-Shops, die ewig entwürdigenden Gaskammern für Raucher, die ewig entwürdigenden Toiletten (auch für Nichtraucher), die ewig gleiche Sicherheitshysterie, die ewig gleichen Zumutungen für Leib und Seele, die ewig gleichen Zentren moderner Finsternis.

Und das alles, um nach einem Zweistunden-Prozedere – hat einer Glück! – in einem Gerät Platz zu nehmen, das konstruiert wurde, um etwa 250 Menschen hineinzupferchen. Jeder gesparte Zentimeter dient dem Profit des Unternehmers. Wie die schlechte Luft, die es nun acht oder neun oder zehn Stunden auszuhalten gilt. Wie die Fußfreiheit für Pygmäen, wie der lauwarme Kantinenfraß aus Plastiknäpfen, wie die wenig sauberen Aborte, wie das Unterhaltungsprogramm mit Filmen voller Bruce-Willis-Bimbos oder orientalisch hochtoupierter Kreischerinnen, wie, Gipfel des Entzugs, die Unfähigkeit, je einen Quadratmeter Welt sehen zu dürfen. Man ist das festgezurrte Vieh, das von A nach B verfrachtet wird. Basta.

»Nur Fliegen ist schöner«, lautete vor Jahren ein Werbespruch. Schöner als was? Als Bruchlanden? Das Gemeinste: Flugzeuge haben eine Monopolstellung. Erst wenn Captain Kirks Aufforderung – »Beam me up, Scotty« – Wirklichkeit geworden ist, können wir auf sie, freudeschreiend, verzichten. In der Zwischenzeit leisten wir – wir alle, die drinsitzen – unseren Beitrag, um den Planeten in den CO_2-Erstickungstod zu treiben.

Die Moral der Geschichte: Flugzeuge desertieren und zum Feind, zur Konkurrenz, überlaufen. Zu einer der grandiosesten Neuheiten, die uns das neunzehnte Jahrhundert geschenkt hat. Dank eines gewissen Mister George Stephenson, dem Erfinder der Sensation, der sich – mitsamt Arbeitern und Honoratioren – an einem 27. September 1825 in einen »Wagen« auf Schienen setzte und loslegte. Und weitertüftelte. Und irgendwann das herauskam, was wir heute Eisenbahn nennen.

Ich könnte ein halbes Buch mit den Trümpfen und Vergnügungen vollschreiben, die eine Fahrt in einem Zug bereithält. Erste Freudenträne: der Bahnhof, wie menschenfreundlich. Keiner bremst mich, keiner treibt Schindluder mit meiner Lebenszeit, keiner greift mir in den Schritt, keiner fordert mich auf, wie ein Hampelmann die Arme in die Luft zu strecken, keiner will meine Cremedöschen und nackten Fußsohlen sehen. Hier machen sie es anders. Und ich brauche mich nur nach dem Gleis zu erkundigen und darf nonchalant einsteigen. Und setze mich auf einen freien Platz. Mit lang ausgestreckten Beinen.

Noch besser wird der Tag, wenn ich sogleich zum Speisewagen abbiege und einen Fensterplatz belege. Der Märchenplatz. Denn fünf Minuten später spürt man das erste Rucken und nun beginnt ein Zustand, der über Suchtpotenzial verfügt. Weil jetzt ein Frühstück kommt, ein Kaffee, weil ich Zeitungen und Bücher auspacke, weil links und rechts das Weltkino beginnt, weil ich schauen darf, weil endlich – sobald der Zug an Geschwindigkeit zugenommen hat – der Höhepunkt ausbricht, der mit wundersamer Gleichmütigkeit noch einmal den Glücksquotienten hebt, mitten hinein in den Körper, in die Sinne: das Tuckern, der Herzschlag des Zugs. Wie ein Glückskind halte ich dann still, mache nur kleine Bewegungen, bin sicher, dass es in meinem Leben gerade nicht schöner werden kann, da alles, alles da ist: die Welt sehen. Dann lesen und innehalten, um einem bewegenden Satz nachzufühlen. Dann wieder die Welt erblicken und die Augen schließen, um – ähnlich ergriffen wie von verführerischen Wörtern – das Gesehene zu verdauen. Wie ein Mensch Zeit braucht, um Leid zu verkraften, so braucht er Zeit für die Schönheit der Welt. Sie ist eine Wucht, sie ist der Himmel auf Erden.

Dass Zugfahren in Indien das restlose Glück beschert, weiß jeder, der schon einmal dabei gewesen ist. Und natürlich begann alles sehr indisch: Am 16. April 1853 setzte sich um 15.25 Uhr der erste Zug des Landes in Bewegung. In Bombay. Die Presse berichtete, dass das Volk wieder einmal überwältigt war vom Genie der Engländer. Da es keine Pferde und Ochsen entdeckte, die vorne die vierzehn Waggons mit den vierhundert geladenen Gästen zogen, vermutete es, dass »the wonderful white man« wieder gezaubert und Dämonen und andere wunderliche Kräfte eingesetzt hatte. So brachte es Kokosnüsse und andere »besänftigende Opfergaben«, um den überirdischen *ag-gadi*, den Feuerwagen, die wild speiende Dampflok, zu begütigen.

Inzwischen hat sich die Bewunderung für die Weißen gelegt, nun werden die Inder selbst um vieles beneidet. Geblieben ist die wunderliche Aura, denn in keinem anderen Land löst das Zugfahren so viele selige Gefühle aus: Der *sandwich man* kommt vorbei, der *chai man*, der *coffee man*, der *chapati man*, der *lunch man*, der *dinner man*, lauter gute Geister, die guttun. Man darf sogar das Fenster öffnen und den Fahrtwind spüren. Auch flirten geht. Ich bilde mir immer ein, dass das Tuckern – und hier tuckert es heftiger als irgendwo sonst – die scheuen schönen Inderinnen entspannt. Zu keinen revolutionären Gesten, sicher nicht. Aber zu einem Geplauder, zu einem Flirt mit Fragen und Antworten.

Ach, ein Lächeln zwischen Mann und Frau, es scheint unbesiegbar, seinen Beitrag zum Weltfrieden kann keiner nachrechnen. Es passt überall. Aber in Zügen schwebt es länger, wie ein dezentes Parfum erinnert es für eine lange Weile an die leicht vergangenen Stunden.

Der magische Moment: Asien 2

Wenn ich ein Land betrete, gehört es mir. Je schöner das Land, desto beharrlicher meine Besitzansprüche. Das ist ein Naturrecht, von dem ich zum ersten Mal bei Walt Whitman las: »The East and the West are mine / The North and the South are mine.« So will ich es machen wie er. Nicht Amerikaner sein und nicht Deutscher, nur Mitinhaber dieser Erde. Durchaus überzeugt, dass sie mir so unwiderruflich gehört wie den anderen, die sie mit mir teilen. Wie belanglos dann, ob es sich um Vietnam oder Botswana, Frankreich oder El Salvador handelt. Oder eben Kirgisien, wo die nächste Geschichte spielt. Wie ein Narr bin ich in dieses Land verliebt.

Wladimir war mein Übersetzer und Pfadfinder. Er kannte die Pfade in die Hirne jener Menschengattung, die vor Jahren noch – mit dem besonderen Kennzeichen »Betonkopf« im Parteibuch – die kirgisische »SSR« zur drittärmsten Sowjetrepublik heruntergewirtschaftet hatte. Jetzt war das Land unabhängig, aber nach wie vor begraben unter der Erblast kommunistischer Ineffizienz. Wladimir hinterging das System. Damit wir vom Fleck kamen und drei Mal pro Tag etwas zu essen hatten. Der 37-Jährige war gerissen.

Unrettbar verfallen bin ich ihm aber wegen seines Umgangs mit der deutschen Sprache. Er war perfekt. Fast. Und diesem *Fast* verdankte ich Luftsprünge des Entzückens, denn was nicht makellos war, erwies sich in den spektakulärsten Momenten als schlichtweg genial. Diese Momente verschafften Einblick in Wladimirs männliches Unterbewusstsein, sein so originelles Denken und Fühlen, sein leidgeprüftes Verständnis sozialistischer Befindlichkeiten.

Und so fing es an: Als wir in der Hauptstadt Bischkek unser Hotel verließen, um eine Adresse aufzusuchen, bei der man unter Umständen ein Auto mieten konnte, meinte er, todernst und so nah der Wirklichkeit: »Komm, lass uns ein Taxi fangen.«

Wir fingen eines, wir fanden den Verleiher, wir bekamen einen Wagen, einen Lada, und wir fuhren los. Ich übergehe alle anderen Wunder, mit denen Kirgisien uns überhäufte, und will nur das wunderlichste von allen erwähnen. Das aus zwei Teilen bestand, wobei der erste unerlässlich ist, um den zweiten zu begreifen.

Wir fuhren Richtung Osten. Am späten Nachmittag erreichten wir das ehemalige Bonzen-Sanatorium *Awrora*, hier stiegen wir ab. Schon die Rezeption war monumental hässlich. Wie man sich angesichts so viel architektonischer Gnadenlosigkeit, so viel Bombastik, erholen konnte, blieb ein Rätsel. So lange, bis das Abendessen vorbei war und plötzlich eine Frau auftrat und zu singen begann. Und mit allem Schmalz in ihrer Stimme den schauerlich-falschen Marmor verschwinden ließ. Kirgisische Liebeslieder als Dessert. »Wenn ich an dich denke, hüpft mein Herz den Busen rauf und runter, so verrückt ist es nach dir«, kritzelte Wladimir auf einen Zettel. Eine Textzeile, die gerade wie ein Regenbogen durch die Eingangshalle schwebte, wie der Duft eines Körpers, nach dem man sich sehnte. Ein einziger Mensch stand da und hinter ihm, unsichtbar, spielte ein Sinfonieorchester mit tausend Geigen, mit tausend Harfen.

So fulminant konnte Liebe klingen. Wie eine Sirene lehnte die runde Guldschan neben der Treppe und verdrehte uns die Sinne. Lied um Lied. Die meisten Gäste hatten die Augen geschlossen. Um das auszuhalten, diesen Drang der Gefühle. Niemand klatschte nach der Stunde. Wie benebelt saßen wir da, wie lahmgelegt von einer Überdosis Schönheit. Wir waren still und vollkommen versöhnt mit der Welt.

Tage später erreichten Wladimir und ich Sheker, im Talas-Tal, im Westen des Landes. Eine Kuh schlief auf der Hauptstraße des Dorfes. Hundert Meter von ihr entfernt war am 12. Dezember 1928 Tschingis Aitmatow geboren worden. Dreißig Jahre später würde er ein Buch schreiben, von dem der französische Schriftsteller Louis Aragon behaupten sollte, dass es »die schönste Liebesgeschichte der Welt« sei. In über achtzig Sprachen wurde sie veröffentlicht. Die Geschichte von *Dshamilja* – so auch der Titel – und Danijar. Die hier spielte, hier während eines längst vergangenen Sommers.

Ich ging hinunter zum Fluss, wo noch vieles so war wie damals, vor langer Zeit, als ich den Schauplatz gefilmt hatte. Damals in meinem Kopf, während der Lektüre. Der Getreidespeicher, die Pferde, die Wälder, das Geräusch des Wassers, die Einsamkeit eines so riesigen Landes.

Flashback, die Story: Es war das dritte Kriegsjahr und viele im Dorf wurden zum Erntedienst abkommandiert. Stalin orderte, denn die Truppen mussten versorgt werden. Die schöne Dshamilja wurde hofiert und war nicht zu haben, auch wenn sich ihr Mann an der Front befand. Jeder musste hart arbeiten, auch der versonnene Danijar, der kriegsverletzt hierher versetzt worden war. Jeden Tag fuhren die beiden den Weizen von den Feldern zum Bahnhof.

Danijar war kein Mann zum Träumen, kein Sieger, er war verschlossen, er hinkte und stand eher abseits der anderen. Die Nähe zwischen den beiden fing erst an, als der junge Kerl eines Abends – die Zügel des Heuwagens in der Hand – zu singen begann. Ein Lied über die Leidenschaft zum Leben und die Liebe zu dieser Landschaft. »Bald«, schrieb Aitmatow, »schwang es sich empor wie die kirgisischen Berge, bald dehnte es sich frei und weit wie die Kasachensteppe.« Wie ein Feuer, so scheint es, kamen Melodie (und Worte) über Dshamilja. Die sie verzehrten. Und sie bannten. Sie begriff in diesen Augenblicken, dass der unscheinbare Mensch neben ihr über einen Gefühlsreichtum verfügte, der ihrem eigenen Empfinden so genau, so tief entsprach.

Ja, ich hatte beim Lesen der Geschichte meine Bedenken. Und nun wusste ich, warum: Weil ich diese Lieder nicht gehört, nicht den Zauber und die Verwüstungen vermutet hatte, die sie anrichten konnten. Nun aber lag ich mit dem Rücken auf einer Wiese und sah – blauschwarz unter blauem Himmel – einen Raben ziehen. Und ich schloss die Augen und flog in Kopfgeschwindigkeit zurück ins Panzerschiff-Sanatorium. Wo Guldschan schon wartete und mich von Neuem überflutete. Jetzt begann ich zu verstehen, jetzt war *Dshamilja* die schönste Liebesgeschichte der Welt.

Dieser Nachmittag auf der Wiese in Sheker war der magische Moment. Ich war randvoll von der Idee einer Liebe, die alles niederriss, alle Angst, alle Moral. Und jeden Kampf gewann gegen die Anwürfe der Spießer, der schiefmäuligen Ungeliebten. Ich lag nicht mehr auf dem Gras, ich flirtte. So luftleicht war ich, so überschwänglich, so mitgenommen vom Schicksal zweier anderer.

Irgendwann fand mich Wladimir. Er hatte eine Schwarzmarkt-Spelunke ausfindig gemacht, es war Zeit zum Abendessen. Eine halbe Stunde später wusste ich, dass es Tage gibt, da kann man das Glück kaum aushalten. Weil es in einer Intensität auftritt, die nur noch schwächt. Wie jetzt: Wladimir erzählte von den Sowjetjahren und dem täglichen Gerangel, um genug Rubel für den Unterhalt der Familie zu organisieren.

So fragte ich ihn, was er denn mit viel Geld unternehmen würde. Sollte es eines Tages auftauchen. Und der Russe, wieder staubtrocken und uneinholbar begnadet: »Als erstes würde ich meine Frau neu verkleiden.«

An diesem Abend in Kirgisien liebte ich alle. Den russischen Schriftsteller, seine beiden Liebenden, Wladimir und seinen märchenhaften Umgang mit der deutschen Sprache. Wie aus einer Wundertüte zauberte er Sätze und schenkte sie der Welt.

Drogen

Das ist ein explosives Thema. Zumal in Zeiten, in denen der Gesundheitsterrorismus umgeht. In denen Fitness-Ayatollahs darauf bestehen, dass wir gesund sterben, ganz und gar unversehrt. Zeiten, in denen jeder Bürger beim Gang in den Supermarkt sein eigenes Labor mitschleppen soll. Um zu checken, wie viel Teufelswerk, wie viel Pestizide, Farbstoffe, Zucker, Kalorien, etc., etc., etc., etc. in jedem Nahrungsmittel stecken. Zeiten, in denen Bio-Stalinisten jeden Nichtraucher zum Opfer massenmordender Raucher erklären, ja, Ökospießer uns mit ihren heillosen Leichenbitter-Slogans – »Viel Gemüse! Viel Obst! Viele Feigen aus jordanischen Palmengärten! – die Lebensfreude vergällen. Ahnen diese Erlösungsjünger nicht, wie viel Stress sie unters Volk bringen? Mit ihrem himmlisch faden Geleier?

Ein Gang in die Gesundheitsläden zeigt, wie jene aussehen, die sich sündenlos und sieben Tage die Woche von »vielen Hülsenfrüchten!« und »vielen Milchprodukten!« und »viel geschrotetem Leinsamen!« ernähren. Sie sehen irgendwie grün aus. Blassgrün. Sie sehen nach allem aus, nur nicht nach Sprühen und Sprudeln. Jeder dieser Nervensägen würde ich gern zurufen: »Bleib zu Hause, Angsthäschen, reise nicht in die Welt, du hast dort nichts verloren. Pack dir einen Sack Karotten ein, radle in den Stadtpark, creme dich mit Schutzfaktor 300 ein und lies den neuen Bestseller *Wie ich hundert wurde und nebenbei alles versäumt habe.*«

Irgendwann werden uns diese Hysteriker mit einer Fleischsteuer bestrafen, dann mit einer Sexsteuer, dann wird das Lachen verboten, kurz darauf das Gekicher, irgendwann stürmen sie unsere Wohnungen auf der Suche nach zerwühlten Bettlaken, zuletzt rationieren sie uns den Atem.

Wenn sie nur wüssten, die kalkfahlen Gesundbeter: dass es dem Körper schnurzegal ist, ob er seine tägliche Ration von 0,000 047 Milligramm Silicium und seine 0,0057 Milligramm Rubidium bekommt, solange, ja solange er sich begeistern kann, solange ihn Herausforderungen antreiben, solange er, auch das, umarmt und umarmt wird. Und eben nicht, solange er stündlich eineinhalb Spargelstangen, fünfzehn Gramm Birchermüesli und sechs Blätter Rucolasalat (vom Biobauern!) verabreicht bekommt. Der Körper will leben, bersten, tanzen, schreien, sündigen, in der Welt sein. Fehlt das, rettet ihn kein Gemüse zwischen Himmel und Erde.

Dieses Kapitel ist folglich den Hungrigen gewidmet, den hungrigen Reisenden. Die das Leben nicht als Leichenzug verstehen, der siebzig oder achtzig Jahre lang vorbeitrottet, sondern als phänomenale Möglichkeit, reich zu werden: im Kopf, im Busen (bei den alten Griechen das Zentrum des Gefühls), im Bauch, überall. Und Drogen sind ein überwältigendes Genussmittel, um der Intensität nachzuhelfen. Dass sie verboten sind, erzählt uns etwas von der Scheinheiligkeit, mit der wir leben. In jedem Discounter stehen fünftausend Flaschen Alkohol, jeder darf zugreifen. Literweise, kübelweise. Wird einer mit fünf Gramm Hasch erwischt, entflammt das gesunde Volksempfinden und schreit nach dem Staatsanwalt.

So wollen die folgenden Zeilen auch ihren (bescheidenen) Betrag liefern: damit – endlich – der Konsum von Drogen legalisiert, sprich, entkriminalisiert wird. Damit marodierende Mörderbanden – Mexiko macht es uns gerade vor – aufhören, via Verkauf von Dope ihr Terrorregime zu etablieren. Damit Pubertierende nicht auf den Strich gehen müssen, um sich den Stoff zu finanzieren. Damit – ich weiß also, wovon ich rede – ich keinen Meineid mehr schwören muss, um eine drogenabhängige Freundin vor einer Gefängnisstrafe zu bewahren. Die Legalisierung wird nicht alle einschlägigen Probleme lösen (so wenig wie der legale Verkauf von Schnaps vor Alkoholismus schützt), aber die grausamsten, die barbarischsten, die schon.

Ich bitte um Nachsicht für die lange Einleitung, aber es handelt sich um ein delikates Sujet, das ein paar erklärende Worte verlangt. So überfrachtet ist die Auseinandersetzung von Falschmeldungen, Heuchelei und blindwütigen Emotionen. Aber das Buch soll ja von der Welt des Reisens berichten und nicht vom Wallfahren nach Lourdes (dort verkaufen sie die Droge »heilige Bernadette«, ein ganz und gar folgenloses Placebo), soll sagen: Der verantwortungsbewusste und wohlinformierte Konsum von Drogen kann auf wundersame Weise zur geistigen und körperlichen Gesundheit beitragen, kann uns etwas – wohin kein Buch führt, kein Wort – von der unfassbaren Vielfalt der Welt erzählen. Auf intuitive, auf – aber ja doch – »spirituelle« Weise. Weil wir durch Drogen Zustände erleben, auch geistige, seelische, phantastische, in die wir auf »normalem« Weg nie gelangen würden.

Neben dem Wissen vom Umgang mit Drogen muss natürlich eine gewisse Bereitschaft zum Risiko vorhanden sein. Man kann es kalkulieren, aber ein Rest Wagnis bleibt. Ist das nicht einen Freudenjauchzer wert? Noch gibt es Auswege aus einem wüstenrothäuschen-versiegelten Leben. Noch bleiben uns Schlupflöcher, um einer vom Sicherheitswahn – *made in Germany* – gewürgten Existenz zu entkommen. So sollen auf dem Rezept für Drogen drei klare Maximen stehen: *Trau dich! Sei mit dir im Reinen! Halte Maß!* Wobei der letzte Aufruf der wichtigste ist. Als Todfeind gilt die Maßlosigkeit. Ein

Blick auf die Fresssüchtigen, Glotzesüchtigen, Promillesüchtigen und unterarmgelöcherten Heroinspritzer soll warnen. So kann man eines Tages aussehen, wenn man nicht verstanden hat, sich die Lust einzuteilen. Der Verzicht ist so entscheidend wie die Hingabe. Wer das begriffen hat, der ist gewappnet. Für den Rausch, für das Rauschmittel.

Bin ich auf Reisen, greife ich häufiger zu. Denn dort ist es anonymer. Jedem Dealer erzähle ich einen falschen Namen, eine falsche Nationalität. Ich will genießen, nicht eines Tages Leute abwimmeln müssen, die vor meiner Haustür stehen. Der andere Grund: Reisen – und als Reporter erst recht – heißt Stress. Immer rennen, immer aufspüren, immer einen Fremden zum Beichten einer Geschichte bewegen, das strapaziert. Was besänftigt dann tiefer, als sich – nach Umwegen durch ein Gewirr von Gassen – neben einen *Opium-Baba* auf den Boden zu legen, ihm zuzusehen, wie er, ebenfalls liegend, die Pfeife präpariert und – nach Minuten der Vorfreude – sie an mich weiterreicht: an den »Gast«, der selbstverständlich für die Gastfreundlichkeit bezahlt (vorher, diskret). Und ich, der Gast, bedachtsam das Gift in mich hineinziehe. Und ihm, dem Gastgeber, nach zwei, drei Zügen die Pfeife zurückreiche. Auf dass er ebenfalls raucht und ihn der Rausch heimsucht. So geht das hin und her, ganz still und meditativ, kein Wort fällt, nur zwei Erwachsene, die rauchen, schweigen, rauchen. Ist der Pfeifenkopf leer, nach vielleicht zwanzig Minuten, legt der Baba über einer kleinen Feuerstelle nach, kontrolliert den Zug und offeriert das Teil, länger als eine Blockflöte, wieder seinem Kunden. Und die nächste Runde Rauchen, Teilen, Schweigen, wieder Rauchen beginnt.

Befindet sich die Opiumhöhle, wie im konkreten Fall, auf einer vietnamesischen Dschunke, die sanft im Mekongdelta schaukelt, dann ist der *romance*-Quotient kaum noch zu überbieten. Dass die Heimlichkeit zudem gesetzwidrig ist, erhöht noch einmal das Wohlgefühl. Es gibt eben Leute, die es schlichtweg satthaben, dass ihr Leben ununterbrochen von erigierten Zeigefingern umstellt wird. In ihnen funktioniert noch der Trotz-Muskel: Jetzt erst recht! Sie gehören zu der ungeheuren Minderheit, die Karl Kraus' Frage »Gibt es ein Leben vor dem Tod?« unverschämt laut mit »Ja« beantworten dürfen.

Geduld, Leser, die Vorstellung ist noch nicht zu Ende. Nach mehreren Durchgängen signalisiert der Kunde: »Danke, es reicht.« Dann erhebt er sich bedächtig (schnell geht nicht) und begibt sich auf das Sofa in der Ecke. Immer vorhanden, wenn es sich um eine anständige Opiumhöhle handelt. Dort chillt er aus, spürt nach, wie sich die Droge in seinem Körper verläuft. Ein Glücksrausch hebt an, denn Opium macht einen zu aller Welt Freund. Man liebt jede und jeden, ja die ganze Menschheit. So wird die Erfahrung, dass man mit sich und dem Weltall haltlos einverstanden sein kann, zu einem grandios friedvollen Erlebnis. Ich habe sie mir auf allen fünf Kontinenten geholt und nie bereut.

Crack gibt es in einem *crack house*. Ich habe wochenlang in New York in einer solchen Bruchbude gelebt. Zwischen Sperrmüllmöbeln, Fünf-Dollar-Nutten und obdachlosen Kriminellen. Crack ist die Billigausgabe von Kokain und zieht wie eine Rakete unter die Schädeldecke. Mittels einer kurzen Glaspfeife, auf die man vorne, auf eine Art Gitter, den »rock« legt, die fingerspitzenkleine Portion. Sie ist kein Glücksbringer, dafür macht sie wach, sensibel, ungemein lebenshungrig. Sie verleitet zu Sex, zum Dauerreden und Berühren. Ich habe während dieser Zeit für mindestens tausend Dollar geraucht und oft gelächelt. Auch über den apokalyptischen Nonsens, der über diese Droge in der Presse verbreitet wird: »Einmal probiert, lebenslänglich abhängig!« So reden jene, die von anderen abschreiben, die ebenfalls keine Ahnung haben. Wieder die typische Schreckensprosa, wieder einer, der mit moraldick geschwollenem Zeigefinger zum braven Leben rät.

Reisen öffnet Türen. Auch jene, die in verbotene Räume führen. Meist gehe ich hinein. Weil irgendetwas mich treibt.

Und weil ich mir bewusst bin, dass keiner je imstande ist, all die sagenhafte Vielfältigkeit menschlicher Existenz zu erleben. Also erfahre ich, so viel ich vermag. Wenig genug.

Ich habe von manchen Drogen gekostet. Immer wieder. Und immer wieder mit Freude. Auch von Kokain, von Heroin (oral oder gesnifft, nie per Nadel), selbstverständlich Gras und Haschisch (zehn Tage lang in der Transsibirischen Eisenbahn, nie war Russland schöner), irgendwann auch LSD. Was überraschend endete, da ich noch in derselben Nacht im Krankenhaus landete. Möglich, dass ich es in der falschen Umgebung genommen hatte und auf den falschen »Guru« hereingefallen war, auf einen, der behauptet hatte, er sei LSD-erfahren und könne mich »leiten«. Sicher auch, dass ich an diesem Tag *nicht* mit mir im Reinen war.

Denn Lysergsäurediäthylamid ist eine psychedelische Droge, sie kann in die luftigsten Unwirklichkeiten entführen und sie kann den Konsumenten der winzigen Teile in die Hölle jagen. In die Hölle im Kopf. Viel hängt davon ab, wo man es tut und mit wem. Beides stimmte an diesem Tag nicht. So kroch ich zuletzt auf allen vieren durch eine Großstadt. Bis eine Ambulanz mich mitnahm.

Eine wunderschöne Erfahrung, denn ich hatte Bilder und Hirngespinste gesehen, die ich nie und nimmer auf »natürliche« Weise zu Gesicht bekommen hätte. Ich begriff, wieder einmal, dass so unendlich mehr Phänomenales existiert, als die reine Ratio erfassen kann.

Wo liegt folglich das Problem? Ich habe mich getraut und ganz allein die Konsequenzen getragen. Wer will mir das verbieten? Ich bin immer dann für »Unmoral« (so redet der Philister), wenn das Ergebnis nur mich betrifft. (Und die Aponal-Spritze in den Hintern kostete weniger als der Stundenlohn eines Maurers.)

Wer reist, wird unweigerlich mit Drogen konfrontiert werden. Weil man sie ihm, vor allem in der »Dritten Welt«, auf Schritt und Tritt anbietet. Und genau da lauert die Gefahr, die gewaltige Versuchung. So will ich nochmals lautstark klarstellen: Die Sehnsucht, sich immer wieder mittels Droge vom Glück betäuben zu lassen, ist permanent und hartnäckig. Je jünger, je verlorener, je zielloser ein Mensch ist, desto mächtiger flüstert die Versuchung, sich via kurzem (chemischem) Prozess von der Wirklichkeit zu verabschieden. Weil er sie – inklusive aller Idioten und Idiotinnen – nicht mehr aushält. Statistisch gesprochen, sind die Jüngeren »haltloser«, eher bereit, der Verlockung nachzugeben. Dass es auch Vierzigjährige erwischt, ist bekannt. Dass sich unheimlich viele, jung und alt einträchtig vereint, an den gesetzlich genehmigten Drogen vergreifen, dem Kalorienschaufeln, dem Vollsaufen, dem Zeittotschlagglotzen, auch das hat sich herumgesprochen. Der viele Kummerspeck in der Welt erzählt uns ganz nebenbei von der vielen Freude: die fehlt.

Die *hard drugs*, zugegeben, das ist ein Fall für die Stabilen, für jene Männer und Frauen, die sich etwas zutrauen und – entscheidend – wissen, wann der »point of no return« droht. Und *vorher* umkehren, sprich, aufhören. Und lange Pausen einlegen, bevor sie sich wieder an das Spiel heranwagen. Denn ganz tief ist bei ihnen die Gewissheit verankert, dass es zum Starksein keine Alternative gibt, nur: Schwäche, Abhängigkeit, das Grauen, einer Droge zu verfallen.

Ich bin keiner hörig geworden, obwohl ich ordentlich zugegriffen habe (und zugreife). Auf die beschriebene Weise: sich hingeben, wochenlang nichts anrühren, sich wieder hingeben. Und keine meiner Hände wackelt und nie reißt es mich schweißgebadet aus einem Traum. Nur mein Hausarzt murrt, denn jedes Mal beim jährlichen Checkup beschimpft er mich als unheilbar gesund.

Dafür gibt es Gründe. Drei Hauptgründe: 1) das schiere unverdiente Glück belastbarer Gene, 2) mein monatelanger Aufenthalt in einem japanischen Zenkloster, in dem ich ein für alle Mal begriffen habe, dass – selbst auferlegte – Disziplin ein Grundpfeiler des Glücks ist, und 3) die direkte, überwältigende Begegnung mit jenen, die nicht davonkamen, die – verwahrlost und verwildert von der Droge – zugrunde gingen.

Hier die zwei Erlebnisse, die mich am eindringlichsten markierten: Die bereits erwähnte Freundin – Stichwort Meineid – wurde einige Jahre später von einem Drogendealer getötet. Erdrosselt. Mitten im Streit um die Ware. Beide waren bereits dank schmutziger Heroinnadeln HIV-infiziert. Darf man behaupten, dass Lindas Leben (und ihr Tod) anders verlaufen wären, wenn sie sich weniger oft als Kriminelle – immer auf der Flucht vor Staat und Polizei, immer tricksen und stehlen – gefühlt hätte? Wenn sie offener, vertrauensseliger, »legaler« mit ihrer Sucht hätte umgehen können? Man darf.

Die zweite Episode handelt von Farin, einem drallen, mächtigen Dealer, einem Pakistani. (Er schien ähnlich verkommen wie der dünne Deutsche, der die 27-Jährige im Heroinrausch erwürgt hatte.) Ich traf den zwölffachen Familienvater in Peshawar, das direkt an der Grenze zu Afghanistan liegt. Die Stadt ist ein Sündenpfuhl von babylonischen Ausmaßen, eine Brutstätte religiösen Fanatismus, ein Waffenhort, ein Drogenumschlagplatz, ein Dreimillionen-Loch, überlaufen von Kriegsflüchtigen und Schmugglern, geknechtet von einer bis in die Haarspitzen korrupten Beamtenschaft.

Ich hatte mich als schwedischer Pusher eingeführt, der Kontakte suchte, um »Geschäftsbeziehungen« mit lokalen Interessenten aufzubauen. So kam ich an Farin. Er war schlau und gierig. Deshalb glaubte er jedes Wort. Wir hatten uns bereits mehrmals getroffen und festgelegt, wie viel »crystal white« ich nach Stockholm bringen würde, wie ich die 2500 Gramm – in einem Koffer mit doppeltem Boden – außer Landes transportieren würde, wie das Heroin – mit »Anti-Mating-Spray« – gegen die Flughafenhunde in Europa präparieren würde. (Eine Flüssigkeit, mit der man gewöhnlich läufige Hündinnen einsprüht.)

Es war unsere letzte Verabredung. Um nur noch ein Detail zu besprechen: welchen Flug ich nehmen sollte. Damit er,

Farin, rechtzeitig die von ihm bestochenen Zollbeamten über meine Abreise informieren konnte, sprich, ich ohne Probleme in mein Flugzeug käme.

Ich werde diesen Tag nicht vergessen, auch weil er so aufschlussreich begann: Auf der unter meiner Zimmertür durchgeschobenen Zeitung, *The Frontier Post*, sah man auf der Titelseite das Foto der ersten zwei Pilotinnen, die Lufthansa ausgebildet hatte. Attraktive, selbstsichere Frauen mit einer Topqualifizierung. Und meine Augen schweiften vom fünften Stock meines Hotels hinunter auf die Straße: mit den verkrüppelten Bettlern, den Kaugummi verkaufenden Siebenjährigen, den Schwärmen vogelscheuchschwarz-vermummter Musliminnen. Peshawar war nicht zu helfen.

Farin auch nicht. Was er mir an diesem Vormittag bot, war ein Blick in den Abgrund bodenlosen Jammers. Und in den Abgrund seines Zynismus: Wir saßen im Wohnzimmer, mit drei Schränken voller Mineralien hinter Glas, sein Hobby. Und mit Tigerfellen an den Wänden. Protzen war sein zweites Steckenpferd. Auf dem Tablett zwischen uns standen eine Flasche *Black and White* und unsere Gläser. Wir plauderten, als jemand an der Tür klopfte. Einer seiner acht Söhne trat ein und flüsterte ein paar Sätze in Farins Ohr, auf Dari. Der Hausherr nickte und bat mich, hinter einen Vorhang zu treten. Kundschaft habe sich angekündigt, ich müsse verschwinden, könne aber heimlich zuschauen.

Sekunden später kamen zwei Westler herein, zwei fadendünne Junkies auf dem *cold turkey*. So schwach, dass sie von je einem von Farins Männern gestützt werden mussten. Ein Blinder hätte sie allein an ihren gehetzten Stimmen erkannt, denn umgehend fingen sie zu reden an. Sie standen unter Druck, sie brauchten Nachschub. Sofort. Dem Akzent nach waren sie Australier. Ihr eigener Vorrat war ihnen vor ein paar Tagen gestohlen worden. Seitdem suchten sie nach Ersatz. Bis sie von Farin hörten, von einem – so erwähnten sie noch –, der »absolut vertrauenswürdig« wäre. (Vertrauen war wichtig, denn für jeden bei der Polizei Denunzierten galt die Faustregel: Wer mit einem Gramm – oder einem Kilo – überrascht wurde, saß für acht Jahre in einem Dritte-Welt-Kerker. Falls er kein Lösegeld bereitstellte, um sich freizukaufen. Dass die Ordnungshüter das konfiszierte, sündteure Konsumgut wieder weiter verschacherten, sei noch als Randnotiz erwähnt.)

Die Audienz dauerte keine fünf Minuten. Farin holte eine babyfaustgroße (!) Portion, plastikverpackt, aus dem Schrank. Und die Kunden zahlten, *on the spot*, ohne zu kosten, ohne eine Fingerspitze voll zu probieren. Der Grossist fragte noch, ob sie ihr »Besteck« dabeihätten, wenn nicht, könne er auch das zur Verfügung stellen. Nein, danke, sie hätten alles eingepackt. Farin schüttelte leutselig ihre leblosen Hände und meinte noch, dass seine Leute sie jetzt in ein Zimmer im ersten Stock bringen würden. Damit sich die beiden sogleich den so notwendigen Schuss verpassen könnten. Und so geschah es. Die beiden bedankten sich überschwänglich und der Händler lächelte väterlich. Das schiefe Paar humpelte hinaus, noch immer gestützt von den zwei Leibwächtern.

Und jetzt kam die kleine Ungeheuerlichkeit. Ich trat aus meinem Versteck und Farin sagte, ganz ruhig und souverän unfähig, irgendwelche Zusammenhänge herzustellen: »Ist das Schicksal der beiden nicht furchtbar?«

Am nächsten Morgen bin ich davon. Ohne Koffer mit doppeltem Boden. Und ohne Farin zu informieren. Ich hatte die letzten Wochen fast täglich Heroin geraucht (»chasing the dragon«), ich brauchte Abstand. Und ich wollte meine Peshawar-Story in Sicherheit bringen, wollte nicht enden wie zwei Aussies, die ganz offensichtlich den Punkt ohne Wiederkehr überschritten hatten. In ihren Augen schimmerte der Exitus. Am Ende des Gesprächs hatte einer der beiden zu Farin gesagt: »I'm fucked.« So reden nur die, die wissen, dass sie verloren haben.

Dennoch, das Kapitel soll heiter enden. Weil Drogen zum Weltfrieden und zum Ich-Frieden beitragen können. Eine

Zeit lang allemal – wenn man sie beherrscht, sie so einsetzt, dass sie das Leben weiten und nicht auszehren. Denn jede einzelne Begegnung mit den so ambivalenten Rausch-Giften hat mir etwas über mich beigebracht, über den Kosmos in mir, über das viele Verborgene, Geheimnisvolle, das viele, das ich ohne die Hilfe von »außen« nie gefunden hätte. Und, ganz unverkennbar: Je mehr ich von mir wusste, desto mehr wusste ich vom Universum der anderen, ihren Rätselhaftigkeiten, ihren Tiefen und tief verborgenen Verstecken.

Hier nun das Heitere: Ich bin mit dem wunderbaren Wladimir, meinem Übersetzer, in Kirgisien unterwegs. Dem Land mit der schönsten Liebesgeschichte, mit Tschingis Aitmatows *Dshamilja*. Wir haben ein eigenes Auto und irgendwann steht am Straßenrand ein Mann, der heftig winkt. Ja, sage ich, er darf mit, aber nur, wenn er uns eine Geschichte erzählt.

Und Ichtiar, der hauptberuflich als Polizist arbeitet und nebenberuflich als Schwarzhändler, nickt lässig. So verstauen wir seine drei großen Flaschen Spiritus (!) im Kofferraum. Die sechs Liter wird er verdünnt weiterverkaufen. Das Geschäft, verkündet er zufrieden, läuft bestens, denn der Fusel ist billiger als Wodka.

Natürlich sind sie auch in Zentralasien scheinheilig. Denn der vulgäre Taumel ist erlaubt, jeder darf sich hier so lange volltanken, bis er umkippt. Und wir sahen so manchen, der noch eine Weile schwankte und dann aufschlug. Das Erstaunlichste daran: Kein Mensch nahm Anstoß, der Anblick einer Alkoholleiche gehörte wohl zur Folklore.

Der kleine Inspektor ist Teil der – stolz spricht er das Wort aus – »Anti-Drug-Squad«, sucht nach den Produzenten und Verbreitern hiesiger Drogen. Er ist ganz unscheinheilig, erzählt, dass er selbst nicht trinkt, aber sich durchaus an der beschlagnahmten Beute vergreift. Nicht als Dealer, sondern als vergnügter Konsument. Das jedoch ist nicht die Geschichte, klingt sie doch noch immer konventionell. Was den kirgisischen Beamten auszeichnet, ist sein Herz, sein Einfallsreichtum. Denn einem verstockten Delinquenten, der seine Hintermänner und Zulieferer nicht preisgeben will, verbeult er nicht die Kieferknochen, reißt ihm auch keinen einzigen Fingernagel aus, nein, er bietet dem Schweigsamen einen Joint an. (Und sich auch.) Selbst gedreht, feine Qualität, würzig. So kann nur ein Experte handeln, hat er doch so vieles von der Materie verstanden, auch verstanden: Haschisch rauchen entspannt. Und gemeinsam rauchen fördert die Kommunikation, das Plaudern, das Ausplaudern. Und irgendwann singt der Renitente. Und Ichtiar schreibt mit.

Es kommt, wie es kommen musste. Ich lächle hungrig und der weise Kirgise holt aus der linken Jackentasche seinen »Proviant« hervor. So metaphorisch nennt er die Blechschachtel. Und wie selbstverständlich zündet er einen zigarettenlangen Reefer an und reicht das Geschenk weiter an mich (Wladimir hat Angst vor Drogen). Und bedient sich selbst. Wir haben keine Angst und wir inhalieren gefasst. Und schauen auf die Welt, die links und rechts an uns vorbeizieht, die endlosen Wiesen, überzogen von rotem (!) Mohn und Regenbogenblumen. Ich wette, dass Highsein empfänglicher macht für Schönheit. Man kommt der Welt näher, ist unverzagter, vertrauensvoller.

Es gibt ein Glück, wie jetzt in dieser halben Stunde, das man erst lernen muss hinzunehmen. Weil es aus irgendeiner Herzkammer flüstert, dass man dafür einmal bestraft wird. Denn so viel Seligkeit darf einer nicht haben. Diesen Schwachsinn bekamen wir als Kinder verpasst. Damit wir uns ducken wie jene, die ihn uns eingetrichtert haben. Doch als Devise hat dieser Mumpitz in einer Gebrauchsanweisung für die Welt nichts verloren. Er gehört ins große Buch der grauen Herren, der Einzäuner und Bedenkenträger, der halben Portionen und Jasager. Für alle anderen hat Tolstaja, die Heldin an der Seite von Leo Tolstoi, in ihr Tagebuch geschrieben: »Das Leben soll lärmen, glänzen und entzücken.«

Wetter

Was soll ich dazu sagen? Dass die 300 Wetterberichte arg nerven, die pro Tag aus den Medien schallen. Bin ich ein Schönwetter-Passagier? Wie jene Fotografen, die für Reiseprospekte unterwegs sind und – sie haben es mir gestanden – nicht mit *einem* Regenfoto nach Hause kommen dürfen. Schön sonnig soll es sein. Damit man hinterher das Land als Solarium verkaufen kann. Via Katalog für die Wohlfühl-Kämpen, die bei Windstärke 0,5 reflexartig ihren 3471 Facebook-Freunden vom Wahnsinn berichten, der gerade über sie hinwegfegt.

Ich will jetzt ein bisschen hetzen. Weil ja in jeder Gebrauchsanweisung auch stehen soll, was man vermeiden muss (»Kein Crack für Schwangere!«). Ich checkte einmal in einer Art *Club Méditerranée* ein. (Der Name spielt keine Rolle, sie ähneln sich alle.) Eine Auftragsarbeit. Noch heute weiß ich nicht genau, wie ich die Zeit überstanden habe. Wahrscheinlich dank meiner Neugierde, die bisweilen abnorme Züge annimmt. Sicher eine Berufskrankheit.

»Sieben Tage Sonnenschein« wurden versprochen und sieben Tage Sonnenschein wurden geliefert. Kein Wunder, die Anlage befand sich in einer Weltgegend, in der nur ein Atomkrieg den blauen Himmel hätte vertreiben können. Versprochen, ich will nicht alle Gemeinplätze abhaken, die solche Unternehmen bedienen. Nicht vom »Spielgeld« aus Glasperlen reden, nicht von den Animateuren, die vorne am Swimmingpool vorhampeln, was die anderen – im Becken – nachhampeln. Will nicht von Untersuchungen reden, die davon berichten, dass die Hauptkundschaft solcher Amüsierketten aus leise verzweifelten Singles besteht, die nicht länger Singles sein wollen. Will diskret verschweigen, dass sich der Betrieb zu hundert Prozent in weißer Hand befand, sprich, kaum ein Groschen im Land blieb. (Von den Spargroschen für die einheimischen Angestellten einmal abgesehen.) Will nur mit einem Nebensatz die täglich mehrmals aufgetürmten Büfetts erwähnen, die dafür sorgten, dass jede(r) nach dieser Woche um eineinhalb Speckschwarten kompakter abreiste. (Trotz des vielen Gehampels.) Will mit übermenschlicher Nachsicht die vielen nackten Oberkörper und Schlabber-Trainingshosen übersehen, mit denen man sich abends an die Tische setzte. Will auch einmal tolerant sein und nur still über das Fehlen von Schönheit vor mich hinwimmern.

Doch nach drei Tagen geschah etwas Besonderes, von dem ich vorher nichts wusste: Für die Tollkühnsten unter uns wurde ein Ausflug in die umliegenden Slums organisiert. »Um Land und Leute kennenzulernen.« Und so fuhren wir aus dem Erste-Welt-Ghetto ins Elendsviertel, die »Dritte Welt«. Binnen Minuten. Vorne neben dem Fahrer stand jetzt der Betroffenheits-Animateur, der sogleich über das »bitterarme Land« referierte. Man durfte sogar ein paar Münzen rauswerfen. Nein, das ist geschwindelt, denn die Fenster waren versiegelt. Damit es von draußen nicht hereinstank. Vermute ich.

Diese banale Ausfahrt, bei strahlender Sonne, war ein Erlebnis. Denn ein Ruck schien durch die 34 Anwesenden zu gehen. Wie auf Kommando setzten sie einen Gesichtsausdruck auf, den man im Englischen rabiat ehrlich »look-at-me-grief« nennt: Schau mal, wie betroffen ich bin! Das Beste an dem Blick scheint, dass er nichts kostet, jederzeit abrufbar ist und sozial hoch angesehen wird. Siehe, ein Betroffener! Siehe, ein Mitfühler! Wie maßgeschneidert saßen die Masken.

Nach zwei Stunden war es überstanden. Als wir vor der Rezeption abgeladen wurden, roch man schon das Abendbüfett. Nur hundert Meter hinter uns lag das rund um die Uhr bewachte Tor, hinter dem sich das Elend ausbreitete. Das wir gerade besichtigt hatten. Mitgenommen zwar, aber auch fleißig. Viel wurde geknipst. Durch die Scheiben, im Sitzen, die Klimaanlage im Nacken. So ein abgerissenes Negerlein sah einfach gut aus, der sexy Gang, die vielen Muskeln in heller Sonne, das sagenhafte Grinsen.

Beim Essen habe ich die 34 nicht aus den Augen gelassen. Mich eigens in die Nähe einer Gruppe von achtzehn Leuten gesetzt, die alle dabei gewesen waren. Sie beherrschten die Spielregeln ziemlich gut. Obwohl sie eifrig Teller voller Fleischberge vom Büfett zum Tisch balancierten, wollten sie die Masken nicht ablegen. Sie schlemmten und trugen Trauer. Um der Welt – ganz unbewusst wohl – zu zeigen, dass sie die Betroffenheit ernst meinten. Die Miene der Ergriffenheit schmückte sie. Und mir war tatsächlich, als ob ein paar von ihnen beim Verschlucken eines schweren Bissens zwei, drei Tränen abdrückten.

Wenn ein Krokodil einen besonders fetten Brocken verschlingt, treibt es ihm das Wasser aus den Augen. Die sogenannten Krokodilstränen.

Ich habe lange gebraucht, sicher ein paar Dutzend Reisen, bis ich mir selbst auf die Schliche kam. Weil ich mich genau wie jene aufführte, von denen gerade die Rede war. Irgendwann habe ich kapiert, dass meine edle Visage niemandem hilft. Nur mir, dem Edelmann. Dem Menschenfreund. Dem Zartling. So wäre mein moderater Ratschlag an jene, die von der Welt (und sich) etwas wissen wollen: Spar dir den Heiligenschein.

Wirf einen klaren festen Blick auf die – oft erbarmungswürdigen – Zustände. Und vergiss die Maske, das Getue, die hohlen Gesten der Erschütterung. Noch nie hat eine Phrase einem Hungerleider den Tag verschönt.

Und lässt sich ein Fremder doch – tief innen, wirklich – anrühren vom Leid eines anderen Fremden, dann wird er Wege, sprich Taten, finden, um es zu lindern. Praktisch, konkret, cool, ohne sentimentales Geschwafel, ohne Pose. Und ohne Herablassung. Einem anderen zu helfen ist eine subtile Angelegenheit. Sie verlangt materielle Mittel und / oder körperlichen Einsatz. Und Herzensbildung.

Das war mein Wetterbericht. Schon überraschend, zu welch hinterlistigen Gedanken sieben Tage Sonnenschein führen können. Aber da ich auch morgen die Eiger-Nordwand nicht besteigen werde, ist es mir egal, ob der Wind von links oder rechts kommt, ob es weißblau wird oder ein Regenschauer niedergeht. Ich weiß, schon mancher Lebenstraum zerbrach, weil es vor der Tür genieselt hat. Doch Reisende träumen nicht, sie gehen los. Was immer die Erde und der Himmel ihnen bietet: Sie sind da.

Der magische Moment: Nordamerika

Auch dieser magische Moment hat mit Musik zu tun. Obwohl ich eher unmusikalisch bin. Meine Liebe zur Gitarre endete klanglos und ich muss mich noch heute anstrengen, fünf richtige Töne in Folge zu singen. Vielleicht gerade deshalb. Man sehnt sich meist nach dem, was einem verschlossen bleibt. Gewiss aber nagt in mir der Neid – als Schreiber – auf Musiker. Denn jeder, der sie hört, versteht sie. In jedem Eck der Welt. Die einzige *lingua franca*, die funktioniert: Ein (begabter) Wildfremder packt sein Saxofon aus und alle Wildfremden um ihn herum lassen sich ergreifen. Ohne eine Note lesen zu können. Wie ein First-Class-Dessert ziehen die Töne durch ihre Körper.

Das Gleiche passiert beim Anblick eines schönen Gesichts. Weder Musik noch Schönheit müssen übersetzt werden. Die Vehemenz erreicht uns sofort, ohne Aufschub. Mit Sprache funktioniert das nicht. Selbst wenn ich Shakespeare überreden könnte, persönlich seine Sonette vor dem Rathaus von Nowosibirsk aufzusagen: mehr als drei Pensionäre würden bis Mitternacht nicht stehen bleiben. Lasse ich den Dichter entfernen und stelle Eric Clapton auf, dann muss fünfzehn Minuten später die Polizei anrücken, um den Mann vor einem Volksrausch zu schützen. Beide sind Genies, aber das eine Genie, die Sprache, braucht Umwege. Das andere, die Musik, nie und nimmer.

Bei den gelungensten Reisen löst ein Zauber bald einen anderen ab. Wie diesmal. In Chicago, der knapp Drei-Millionen-Stadt am Michigansee, war ich als Glückskind unterwegs. Denn ich wurde für nichts anderes bezahlt, als nach meiner Lieblingsmusik zu suchen: *the Blues*.

Das klingt frivol, denn diese Musik gehört den Schwarzen, deren Vorfahren – eingenietet in Kisten mit Luftlöchern – von Afrika nach Amerika verfrachtet worden waren. Alles hatten die (weißen) *Masters* ihnen gestohlen: die Heimat, die Würde, die Freiheit, ja, die Freiheit zu sprechen. Also sangen sie. Und da »blue« nicht nur *blau* bedeutete, sondern auch die Farbe des Unglücks, des Unheils, des Bösen, sprach einer irgendwann den Satz aus: »I've got the blues«, ich bin traurig. Und aus dieser Trauer über das gestohlene Leben entstand ein Weltwunder. Victor Hugo, der dieses Wort im fernen Frankreich des neunzehnten Jahrhunderts wohl nie gehört hatte, notierte einen Gedanken, der wie maßgeschneidert zu dieser Musik passte: »La mélancholie, c'est le bonheur d'être triste«, die Melancholie ist das Glück, traurig zu sein.

Die ersten Menschenkisten wurden im Süden der Staaten ausgepackt. Um die billige Fracht als Arbeitstiere auf den Plantagen einzusetzen. Dreihundert Jahre später, an einem heißen Julitag 1921, stieg Louis Daniel Armstrong am Hauptbahnhof von Chicago aus, die Trompete im kleinen schwarzen Koffer. Denn in diesen Jahren zogen die Blues-Musiker nach Norden um. Da sie hier weniger oft das Wort »Nigger« hörten. Und hier begannen sie weltberühmt zu werden.

Die meisten amerikanischen Städte ähneln in Beton gegossenen Pavianärschen. Chicago nicht. Ich liebe gut aussehende Großstädte nicht minder als eine Gänseblümchenwiese mit drei Bäumen. Und obwohl ich viele Jahre zu spät kam, um

»Satchmo« zu treffen, erwies sich mein letzter Tag in dieser Stadt – nachdem ich nächtelang durch Blueskneipen gezogen war – als »a perfect day«. Auch wenn ganz andere Dinge passierten als in Lou Reeds Song.

Es war schon abends und ich ging den *Chicago River* entlang. Wieder einmal. Um diese Uhrzeit blinkten die Lichter an den drei Dutzend Klappbrücken, die bisweilen hochgingen, um ein Schiff durchzulassen. Chicago, das einst Massenmörder Al Capone zu Unsterblichkeit (nach seinem Syphilistod) verholfen hatte, sah jetzt wie Märchenland aus: das Bimmeln, das Funkeln, das leuchtende Wasser.

Und eine Vollbusige in feuerroten Leggings war heute die Märchenhexe. Sie stand an der *Michigan Avenue Bridge*, neben ihr eine transportable Lautsprecheranlage mit Megaphon, dahinter ein Schild, Aufschrift: »I was a hooker, I was a sinner, but I found Jesus!«

Am liebsten ist mir die Welt immer dann, wenn neben dem Erhabenen der Aberwitz auftaucht. Wie jetzt. Denn kaum hatte mich die ehemalige Hure im Blickfeld, rief sie: »Bitte komm näher und bringe deine Homosexualität (sic!) vor Jesus Christ.« In solchen Augenblicken bete ich Amerika an. Klar, sofort spielte ich mit, näherte mich schuldbeladen und legte – von Mary geführt – mein Gesicht auf ihr Dekolleté. Ort der Buße, kein Zweifel. Und roch ihr, überraschend, elegantes Parfum. Und Mary stammelte in den Märchenhimmel, bat *the Lord*, sich meiner anzunehmen, mir doch endlich die Perversion auszutreiben. Und ich versäumte keinen Genuss: Nicht die schöne Frauenhaut, nicht die friedlichen Geräusche der Schiffe, nicht den harmlosen Schwachsinn einer Durchgeknallten, die sich vorgenommen hatte, mich in einen Heterosexuellen zu verwandeln. Mit Gottes Hilfe. Und ich versprach alles, Abbuße, Heimkehr (»coming home«), eine baldige Verlobung mit der hübschen Nachbarstochter, ja nie wieder nach einem verbotenen Männerhintern zu greifen. Alles »aus Liebe zu Dschissas«.

Heiterer Abschied, ich machte mich rasch aus dem Staub, noch fürchtete ich einen Lachkrampf. Und wanderte weiter, wanderte stundenlang durch die Stadt. Wie immer am letzten Tag einer Reise. Bis ich, weit nach Mitternacht, ein Taxi stoppte. Und die Magie ihren Höhepunkt erreichte. Als wäre der ganze Tag nur eine Vorbereitung darauf gewesen.

Ich stieg ein und traf Eddie, den Fahrer. »Black Eddie«, so stellte er sich grinsend vor. Er streckte sogar die Hand nach hinten. Wir mochten uns sogleich. Eddie sprudelte sofort los: Er spare gerade, denn er wolle »Minister« werden, Pfarrer einer koptischen Gemeinde. Früher hätte er als Bluessänger gearbeitet (ich war sofort hellwach), aber jetzt durfte er nicht mehr singen, denn Blues – so hatten ihn seine künftigen Arbeitgeber wissen lassen – wäre Sünde und sündig.

Ah, die unversiegliche Wut der Christlichkeit auf Sinnenfreude. Poor Eddie.

Da ich inzwischen zu viele Bluesleute getroffen hatte, um nicht zu wissen, dass »the poison« – das Gift, Blues singen zu wollen, nein, singen zu *müssen* – nicht aufhört zu wirken, übernahm ich umgehend die Rolle des Teufels. Und predigte Eddie von den Wunderbarkeiten seiner Musik. Und da ich ziemlich gut bin im Einreden einer (Wohl-)Tat, die Scheinheilige verteufeln, wurde Eddie bald sündenschwach, fuhr in ein dunkles Eck, stieg aus, holte die Gitarre aus dem Kofferraum, setzte sich auf den Beifahrersitz und – fing an.

Drei Lieder lang habe ich durchgehalten, dann wurde ich wieder die alte Heulsuse. Weil der *blues man* eines meiner Lieblingsstücke – *St. James Infirmary* – anstimmte und ich (zum hundertsten Mal?) die Geschichte eines todtraurigen Mannes hörte, der sich auf den Weg in ein Krankenhaus machte und dort seine Freundin vorfand, aufgebahrt, tot und »so sweet, so cold, so fair«.

In Kirgisien hatte die Musik – unter einer glühenden Sonne – vom Beginn der Liebe erzählt und hier, in einer Sackgasse mit einer flackernden Straßenlampe, sang Ex-Profi

Eddie von ihrem Ende. Das ist der Magie egal. Sie kann überall hexen. Als ich vor meinem Hotel ausstieg, war ich seltsam erfüllt. Vom schönen Traurigsein. »Magic«, sagte Eddie noch, der offensichtlich in seinem dritten Beruf als Poet jobbte, »magic is a many splendid thing.« Manche verschenken einen Diamantring, andere einen einzigen Satz. Würde man die beiden, wie jetzt, nebeneinanderlegen: Sie funkelten ganz sicher um die Wette.

Rassismus, Dummheit und göttliche Anmaßung

Leute, die behaupten, sie seien keine Rassisten, haben (meist) keine Ahnung. Weder von sich noch von diesem Wort. Sie glauben, kein Rassist zu sein bedeutet, an einem Araber, einem Schwarzen oder Roma – oder wer auch immer gerade als Sündenbock aktuell ist – vorbeigehen zu können, ohne die Lust auf einen Totschlag zu verspüren. Wie rührend. Als ob sich das Phänomen Rassismus nicht auf ungemein komplexe Weise ausdrücken würde. Es hat viele Schichten, ein Beispiel: Das Gesicht eines Weißen ist ein Gesicht. Das Gesicht eines Schwarzen ist zuerst schwarz und dann ein Gesicht. Vielleicht ist diese Abfolge von Wahrnehmung die subtilste Form von Wertung. Und sicher ist »Niggeraufhängen« in Alabama die radikalste. Aber dazwischen lauern die Grautöne. Die von den meisten gar nicht wahrgenommen werden. Deshalb diese munter vorgetragene Selbstzufriedenheit: »Ich? Rassist? Was für ein Blödsinn!«

Reisen ist ein äußerst effizientes Mittel, um einen Blick zu riskieren. In seine schöne Seele und – wenn der Reisende nur genügend Nerven mitbringt – auf die Schatten über ihr, die immer wieder aufziehen. »Gehen Sie in sich, wenn Ihnen

122

nicht graust.« Der Satz stammt von Gottfried Benn. Ein rabiater Imperativ, aber er könnte helfen beim Entdecken, beim »Heben« längst verdrängter Gefühle. Eben kalter Gefühle, hochmütiger, nicht sehr menschenfreundlicher.

Doch die Diagnose muss in keinem Desaster enden. Selbst wenn sich einer bei Gedanken erwischt, die er – mitten auf der Welt, weit weg von seiner glorreichen Heimat – lieber verschweigt: Sein Verstand kann sich ja entwickeln, sein Bewusstsein wachsen. Vom Kleinhirn eines Stammtischbruders zum Denken eines Kosmopoliten.

Die Vereinigten Staaten waren, zumindest quantitativ, die größten Sklavenschinder in der Geschichte der Menschheit. Und irgendwann führten sie einen Bürgerkrieg, weil ein Teil der Bevölkerung erkannt hatte, dass kein menschliches Wesen je auf die Welt kam, um als Beutestück einem anderen zu dienen. Und 1948, knapp hundert Jahre später, wurde von den Vereinten Nationen in Paris die *Allgemeine Erklärung der Menschenrechte* ratifiziert. Mit dem wunderschönen ersten Satz: »Alle Menschen sind frei und gleich an Würde und Rechten geboren.« Es dauerte ein bisschen, ein paar Millionen Jahre, bis er auf der Welt war. Der Satz da. Er ist gewaltig anstrengend. Und alle – der Hockenbleiber und, in viel provozierender Weise, der Reisende – können jeden Tag nachprüfen, wie sie es damit halten. Mit der Freiheit und der Würde und den Rechten eines anderen. Auch mit denen eines ganz und gar anderen.

Reisen verblödet. Das ist so wahr wie das Gegenteil. Weil so mancher darauf besteht, nur das zu sehen, was er bereits weiß. Zu wissen glaubt. Er umrundet zehn Mal den Globus und landet immer wieder als derselbe Ignorant, als der er vor Urzeiten an Bord gegangen war. Das ist wie mit einem Kind, das zur Schule geht. Passt es nicht auf, wird es nichts lernen. Nie. Nicht anders der Erwachsene, der die Welt besucht. Er muss es achtsam tun, erpicht, er muss hungern und dürsten nach Wissen und Weisheit, nach allem, was herzugeben sie bereit ist. Hinschauen reicht nicht. Wie das (wache) Kind muss er fragen, fragen, fragen. Tut er das hartnäckig genug, wird er begreifen, dass wir – er und die vielen anderen – uns ziemlich ähneln. Und: dass wir uns gleichzeitig gewaltig voneinander unterscheiden. Das macht den Reichtum der Welt aus.

Es sind oft die lautlosesten Nebengedanken, die einen auf die Spur führen, auf das eigene, einspurige Wahrnehmen der Wirklichkeit. Hier ein so simples Beispiel: Ich recherchierte über »les gens de voyage«, die Zigeuner in Frankreich. Ein Riesenthema im Lande, angeheizt von Ex-Präsident Sarkozy, der von dem Wahn getrieben wurde, sie alle wieder zurückzuschicken. Nach Rumänien, nach Bulgarien, wohin auch immer. Nur weg, weit weg.

Als ich den ersten Wohnwagen betrat, hereingebeten von Emilian und seiner Frau Vera, war die Falle schon zugeschnappt. In meinem Kopf. Denn ich war sicher, dass es bei solchen Leuten – so gastfreundlich sie sein mögen – eher unordentlich zugeht, im besten Fall. Und wüst im Normalfall. Nein, hundert Mal nein, bei den Gorneanus sah es aus wie bei den deutschesten Kleinbürgern. Häkeltischdecke, darunter eine Plastiktischdecke, Bommel an den Vorhängen und eine Porzellanuhr – Modell *Aufbäumendes Pferd* – über dem Glasschrank. Das Absurde: Ich hatte früher schon Kontakt mit dem »fahrenden Volk« gehabt: in Irland, in Spanien, in Polen. Und meistens war es so wie jetzt gewesen. Eher spießig als verkommen. Ich wusste also, dass es nicht so sein würde, und trotzdem: Ich war bereits (wieder) manipuliert, von einer Regierung, von einer gewissen Presse. Mir völlig unbewusst. Bis ich das kleine Treppchen hochstieg und als Schaf auftrat, das dachte, was alle Schafe denken: eben nichts. Oder eben das, was andere ihm zu denken kommandieren. Rassismus ist wie der Dreck unter den Fingernägeln: Man muss überhaupt nichts tun, er kommt von selbst. Ihn bekämpfen, den eigenen und den der anderen, das macht Arbeit, das fordert Geistesgegenwart.

Von Bert Brecht stammt die kluge Behauptung: »Die Wahrheit ist immer konkret.« Das ist eine Zeile, die uns alle überfordert. Um wie vieles leichter wäre das Leben, wenn die Wahrheit nicht konkret wäre, sondern ein für alle Mal Gültigkeit hätte. So wie bei den Religionen, wo Denken verboten ist, weil jeweils einer vor Jahrhunderten, ja Jahrtausenden, die »Wahrheit« erfand. (Und ein anderer Religionsstifter, ein anderer Anstifter zum Aberglauben, eine ganz andere phantasierte. Und ein Dritter die seine, etc.) Und uns – das eher kleine Häuflein, das nicht glauben will, weil wir lieber zum Wissen konvertieren – ins ewige Feuer schickte. So menschenfreundlich verkünden es die Schafe.

Welch gnädiges Schicksal widerfuhr da einem aufgeknöpften »negro« am Apfelbaum des Sheriffs. War das Genick gebrochen, hatte er Ruhe. Wir nicht: Wir anderen Schafe, die schwarzen, werden »verdammt«, auf immer. Was für ein himmlisch-höllischer Rassismus.

Nur *eine* Wahrheit predigen – die Geschichte hat es blutig bewiesen – *muss* in Mord und Totschlag enden. Ihr Anspruch ist noch viel anmaßender als Sarkozys rhetorische Flammenwerfer, die uns einreden wollen, dass nur mit superechten Franzosen ein schönes Frankreich blüht. Wie eben, global geredet, eine schöne Welt nur dann floriert, wenn wir alle an denselben göttlichen Stuss glauben.

Die Fratze des Rassismus hat tausend Masken. Jeder, der nicht aussieht wie die Mehrheit, nicht denkt wie sie, nicht spricht wie sie, nicht sexuell funktioniert wie sie, nicht buckelt wie sie, der muss – hätten die Unnachgiebigen nur die ganze Macht – eliminiert werden. Für sie alle, die weltweiten Dunkelbirnen, hat es Einstein auf den Punkt gebracht: »Zwei Dinge sind unendlich, das Universum und die menschliche Dummheit. Aber beim Universum bin ich noch nicht sicher.«

Der Rassismus kann noch in einen weiteren Hinterhalt führen. Stichwort Lichterketten-MenschInnen. Jene mit den Engelsaugen, die heiter in alle Welt rufen: »Du bist schön, ich bin schön, wir alle sind schön!« Oder nach einem *Love-your-Body*-Workshop selig durch die Gassen hüpfen, verklärt trällernd: »Du bist Buddha, ich bin Buddha, wir alle sind Buddha!« Für sie gibt es kein Arg in der Welt. Fremdenhass ist ihnen fremd, über jedem Haupt eines Nicht-Weißen zünden sie einen Heiligenschein an. Für sie ist jeder Ausländer – am liebsten andersfarbige Ausländer – herzensrein, herrlich und makellos. Und stets das Opfertier.

Gespräche mit diesem auserwählten Volk der penetrant Blinden und Tauben scheinen kaum möglich. Wie ihre Lieblingsfeinde, die Rassisten, haben sie sich dazu entschlossen, nicht die Wirklichkeit wahrzunehmen, sondern sie grundsätzlich zu retuschieren. Die einen mit Finsterschwarz, die anderen mit Rosa. Beiden Fronten ist das Wort »konkret« zu mühselig.

Noch eine Anekdote. Seit der Veröffentlichung meines ersten Buches war mir ein Kritiker treu geblieben. Der mich nicht mehr losließ. Hatte er mich doch sogleich als »hochmütigen Reisenden« ausgemacht. Auslöser seiner jahrelangen (verbalen) Verfolgungsjagd war eine Szene, die an der mauretanisch-malischen Grenze spielte, ich schrieb: »... auf einer zerschlissenen Chaiselongue lungern dösig drei Grenzer. (...) Es dauert, bis sie sich aufraffen. Man sieht ihnen den Kampf an: zwischen der Schwerkraft ihrer Trägheit und der Lust abzuzocken. Letztere obsiegt. Ächzend lümmeln sie sich hoch ...«

Solche Sätze, so der Verfolger, waren »menschenverachtend«, kein Schwarzer lümmelt, kein Schwarzer ist träge, kein schwarzer Zöllner ist korrupt. Undenkbar, es konnte sich bei diesem Autor nur um einen rassistischen Wicht handeln. Dass ich in dem Text mehrmals von Weißen erzählte, denen man nachts lieber nicht allein auf der Straße begegnet, spielte keine Rolle. Die weiße Schlechtigkeit verstand sich von selbst, aber schwarze Abzocker, lümmelnd? Nein, das konnte nicht sein. So ging es Buch um Buch. Einen Höhepunkt erreichten wir, der Kritiker und ich, als ich irgendwann von einem »schwarzen Rassismus« sprach, ja erwähnte, dass sich so mancher Afrikaner die Freiheit nimmt, jemandem, der noch schwärzer ist als er, mit »Respektlosigkeit« zu begegnen (um es milde zu formulieren). Eine solche Behauptung schien der Gipfel der Niedertracht. Nicht die Respektlosigkeit, nein, ich, der darüber schrieb.

Über die Jahre wurde mir bewusst, dass Gutmenschen besonders unter meinen Büchern leiden. »Dümmster Reiseschriftsteller aller Zeiten«, nannte mich einer zornbebend in seiner Kritik. Auch er wollte nicht fassen, dass ich – diesmal in einem Buch über Südamerika – bisweilen von Männern und Frauen berichtete, die mir weder durch ihre Freundlichkeit noch durch ihren Intelligenzquotienten aufgefallen waren. Man staune, auch dort gibt es solche Exemplare. Hat hier also der »dümmste Leser aller Zeiten« sein Herz ausgeschüttet? Also, so weit würde ich nicht gehen. Aber dass auch Lesen nicht vor Geistesschwäche schützt, so weit gehe ich.

Natürlich: Viele, die auf schwierigen Pfaden unterwegs sind, auf Territorien, wo nicht alle zweihundert Meter ein Luxusbunker steht, werden sich bisweilen die Hasskappe überziehen. Nicht, weil sie hassen und verachten wollen, nein, es passiert, weil die Anwürfe zu zahlreich kommen, die Drangsal zu vehement ist, der Gestank, die Hitze, der Fatalismus nicht mehr zu ertragen sind. Weil sich die Wirklichkeit im Augenblick nur als eine herzzerreißende Gemeinheit präsentiert. Dann will man stehen bleiben und in den Himmel schreien. Vor Wut, vor Verdrossenheit.

Das ist kein Drama, eher menschlich. Wichtig nur, dass sich die Feindschaft wieder legt. Dass aus dem Zorn kein Grundgefühl wird. Dass der Swing zurückkommt, die Freude, der Versuch, sich ein weiteres Mal mit der Welt zu versöhnen.

Ein Werbespruch der Deutschen Bank lautete vor Jahren: »Reisen bildet, zum Beispiel Kapital«. So sind sie, sie können nicht anders. Noch auf dem Sterbebett werden sie das

Wort *money* stöhnen. Als ihr letzter Furz an die Nachkommen. Nehmen wir lieber einen Dichter, nehmen wir Lord Byron. Dem Engländer fiel etwas anderes zum Reisen ein, als Geldscheine zu stapeln. Er sprach von einer »sehnsuchtsvollen Leere«, die uns in die Welt treibt. Um diese Leere mit »zügellosen, heftigen Unternehmungen« zu stillen. Denn »das große Ziel des Lebens ist das Empfinden, dass wir existieren«.

Ich höre diese wilden Sätze gern. Auch wenn das Pathos aus dem vorletzten Jahrhundert stammt. Auch weil sie frei aller Moral sind. Auch weil sie nicht trösten, sondern an Jetzt erinnern. Moralfibeln sind schauerlich. Ich wäre schwer betrübt, wenn dieses Kapitel als solches verstanden würde. Zum Teufel, nein. Es soll nur daran erinnern, dass dieser eine Satz – »Alle Menschen sind frei und gleich an Würde und Rechten geboren« – sondergleichen unser Leben bereichert. Das eines Reisenden allemal. Klar, man muss die elf Wörter spüren, sie als wahr begreifen, ohne jedes Wenn und Aber. Wer das nicht kann, nicht fühlen kann jenseits aller rationalen Begründung, der wird sie als Wirklichkeit nicht erkennen.

»Es gibt drei Wahrheiten«, sagen sie in Afrika, »meine Wahrheit, deine Wahrheit und die Wahrheit.« Das ist ein cooler Satz.

Eros

Eines der vielen vergnügungsreichen Phänomene beim Kennenlernen einer Frau (eines Mannes) ist wohl die Tatsache, dass keiner von beiden behaupten kann, den anderen zu kennen. Das Neue, ganz unbelastet von Vergangenheit, hat einen unheimlichen Reiz. Jeder, der allein unterwegs ist, wird ihm begegnen. Die Aura der Ferne, des – jetzt muss ich das gräuliche Wort hinschreiben – »Exotischen«, wirkt wie ein Katalysator. Man scheint schneller entflammbar, die Mühseligkeiten des Alltags sind weg, man wird nicht mehr von so schauerlichen Tätigkeiten ruiniert wie an einer Lidl-Kasse anstellen oder einen Beamten zum Amtshandeln bewegen oder ein Zahnarzt-Wartezimmer aushalten. Lauter Aktivitäten, die – gerade weil sie so banal sind – rasanter als jede Nerven zerfetzende Eskapade unser Lebensende beschleunigen. Deshalb rennt einer davon. Nicht, um seinen Schuldenberg zu vergessen oder seine darbenden Kinder im Stich zu lassen. Nein, er flieht, weil er die Voraussehbarkeit satt hat, die abgeranzte Routine, weil er »woanders« sein will.

Und ein fremder Mann und eine fremde Frau, die sich auf einem fremden Erdteil begegnen und – gefallen: Ist das nicht eine beispiellose Freude, eine fabelhafte Chance? Oft genügt ein Blick, ein Lächeln, eine Geste der Hilfsbereitschaft. Weil meist beide Seiten empfänglicher sind, da sie – und das spielt auf Reisen eine entscheidende Rolle – einsamer sind. Die heimatlichen Bezugspunkte fehlen, die Nähe eines anderen ist somit willkommen, willkommener. Nicht immer, aber oft. Die Fremde bringt Fremde näher. Das ist ein einfacher psychologischer Reflex, er ist uralt und wird so schnell nicht aussterben.

Meist ist es der reine Zufall. Auf einer Busfahrt durch Marokko hatte ich meine Notapotheke mit einer Dose Antibiotika dabei. Und zehn Reihen hinter mir saß eine Italienerin, in deren Magen genau jene Bakterien wüteten, für die ich ausgerüstet war. So wurde ich zum Helden der Stunde, zum Retter in der Not. Nochmals Held in Bolivien, als ich in einer Dorfwirtschaft eine nagelneue Klopapierrolle aus dem Rucksack fischte. Für jemanden, der mit leeren Händen (und schwer unter Druck) um Hilfe bettelte. Ein anderes Mal war ich nichts als blond (in Japan) und eine Japanerin wollte mich fotografieren. Während wir nach einem Kirschblütenbaum suchten, erzählte ich ihr, dass ich gerade in einem Tempel meditiert hatte. So meditierten wir die kommenden Tage gemeinsam. Einmal wusste ich ein Pablo-Neruda-Gedicht auswendig, das von einem Gefühl sprach, das die Fremde gerade beschäftigte. Einmal bot ich einen Platz in einem Taxi an, weil es in Strömen regnete und kein anderes mehr kommen würde, spätabends. Einmal stand ich in einer Schlange vor einem Ticketschalter und hörte, dass es Verständigungsschwierigkeiten gab. Ganz vorne. Und da ich zufällig die Landessprache konnte, war das Problem bald gelöst. Einmal opferte ich meinen Sitz neben dem Notausgang (Fußfreiheit!) eines Flugzeugs, weil ein Mensch nach einem Platz für sein eingegipstes Bein suchte. Einmal – ich schwöre, ich bin unschuldig – erklärte ich an der Rezeption eines ausgebuchten Hotels, wieder nachts, dass sich in meinem Zimmer ein zweites Bett befände. Für die Frau, die drei Meter neben mir stand und nicht wusste, wohin in der russischen Provinz.

Es gibt unzählig viele Wege, sich zu begegnen. Was Reisende nicht schätzen: einen Fremden, der sich vor ihnen aufstellt und seine Sprüche ablässt. Gefragter sind Zeichen von Freundlichkeit. Von einem, der bereit wäre, das Leben des anderen für ein paar Augenblicke zu erleichtern. Und keine Sekunde damit rechnet, dafür »bezahlt« zu werden (na ja, versucht, nicht damit zu rechnen). Das ist das Geheimnis dieser Gesten: ihre Leichtigkeit, ihre Unverbindlichkeit. »Once gentleman, always gentleman«, sagen die Engländer. Leichtes Englisch, leicht zu merken.

Wohin die so ungeplanten Begegnungen geführt haben? Ah, wie belanglos. Bisweilen bekam ich eine Geschichte erzählt, bisweilen eine Nähe, für die Mann und Frau wunderbar ausgestattet sind, bisweilen beides. Immer entstand Wärme, dieses Grundnahrungsmittel, das jedem hilft, um mit dem Am-Leben-Sein fertigzuwerden. Ich habe im seriösen *Guardian* gelesen, dass nach der Attacke auf die beiden Türme des World Trade Centers – noch am selben Tag, noch in den folgenden Stunden – Wildfremde übereinander herfielen. Im nächsten Hausflur, in einer Tiefgarage, überall, wo zwei diskrete Quadratmeter zur Verfügung standen. Und sich liebten. Heftig, ohne Vorstellungsgespräch, ohne Nachspiel. Begründet haben Psychologen dieses doch überraschende Verhalten damit, dass Weltuntergangsstimmung herrschte, dass den Leuten – durch den Schock des erlebten Desasters schlagartig ausgelöst – die eingebimste Moral vollkommen egal war und sie auf dramatische Weise begriffen, dass auch sie nur einmal auf dieser Welt vorhanden sein würden.

Ich bin noch bei Sinnen und verwechsle diesen elften September 2001 in New York nicht mit einer Reise durch die Urwälder Perus. Dennoch, irgendwo haben sie etwas Gemeinsames. Eben das »Außergewöhnliche«, das Außerkraftsetzen der gängigen Anstandsregeln, das Wissen um die Dringlichkeit unserer Existenz. Bis zu seinem 30. Lebensjahr, sagt Freud, glaubt der Mensch nicht, dass er sterblich ist. Ich behaupte, dass die meisten es *nie* begreifen. Anders lässt sich nicht erklären, warum sie so hartnäckig ihre Jahre vertrödeln. Solide eingerichtet in tausend Ängsten, warten sie auf die Zukunft. Das ist wunderlich absurd, denn jeder weiß, dass es eine Zukunft nicht gibt. Noch nie hat ein Mensch in ihr gelebt, er lebt immer und ausschließlich in der Gegenwart. Wenn er denn lebt. Schon überraschend, die Widerborstigkeit, mit der so viele vor dieser Wirklichkeit davonrennen, sie aussitzen. Aber wie jemanden zum Leben erwecken, der lieber bei lebendigem Leib tot ist?

Die letzten Absätze waren die Einleitung zum Thema. Sie schienen mir nötig, um wieder beim Titel des Buches zu landen, bei der »Gebrauchsanweisung«. Nachdem ich das eckige Wort durch »Kleine Winke zur Vermehrung des Swing« ersetzt habe, möge man mir erlauben, ein paar Ratschläge betreffs »Eros in fremden Landen« preiszugeben. Die ich auch gern gelesen hätte. *Vor* den Schlägen, die ich erst hinterher als »Rat« begriff. Aber wie viele andere bin ich begriffsstutzig und muss mehrmals – bisweilen über peinsame Umwege – auf Tatsachen gestoßen werden, die Findigere schneller dechiffrieren.

Sich an fernen Gestaden verlieben kann zu einer Freude werden, die man bis ans Ende seiner Tage nicht vergessen will. Ob sich die beiden in einem Zug durch Amerika oder vor einer besetzten Kinotoilette in Peking, auf Sansibar oder am Hapuna Beach auf Hawaii, in einem Pub im australischen Outback oder auf der Ladefläche eines Trucks durch die Wüste Gobi begegnen, wie unwichtig. Aber sobald sie sich näherkommen, sollten zwei goldene Regeln – eine strahlender als die andere – ihr weiteres Handeln bestimmen: *Genieße, was immer die nächsten Tage und Nächte an Hochgefühl und Schönheit und Geist bereithalten.* Und – hier kommt die zweite unvergessliche Maxime: *Genieße und komme nie auf die wahnwitzige*

Idee, den anderen – Frau oder Mann – in der Heimat wiedersehen zu wollen.

Ich weiß, ich verallgemeinere, ja ich weiß, es gibt Ausnahmen. Aber meist sieht das Ergebnis – bei Nichtbefolgen! – so aus: Der Mensch, dem man unter so anderen, so fremden, so befeuernden Umständen – auf wilden Erdteilen, unter tropischen Regenfällen, auf ozeanblauen Inseln – begegnete, ist im Stadtcafé von Quakenbrück ein anderer Mensch. Wer genau hinschaut, wird sogar bemerken: ein physisch anderer. Kein Wind fährt mehr durchs Haar, keine Sonne strahlt mehr auf die (inzwischen) bleiche Haut, kein launiges Lachen – einst beschwingt von einem ungewöhnlichen Ambiente – ist mehr zu hören. Man rührt in seinen Kaffeetassen und stellt fest, dass die Vergangenheit vorbei ist und im Jetzt nicht wieder auftaucht. Die Welt von gestern, vielleicht nur ein halbes Jahr vorüber, kommt nicht zurück. Denn sie war anders, roch anders, war stark und fordernd. Hier – sagen wir um halb drei mitteleuropäischer Zeit – riecht es nur nach Alltag, nach schlechtem Wetter und beispiellos erfolgreich desinfizierten Toiletten. Nirgends ein endloser Horizont, nirgends eine blutrot im Meer versinkende Sonne, nirgends der Hauch eines *vida loca*. Was die beiden aneinander fesselte, war die Poesie des fernen Orts. Jetzt verkümmern sie, das Wunder ist verblüht. Zwei Fremde sitzen sich gegenüber, vielleicht fremder als je zuvor.

Natürlich war ich um kein Haar klüger als jene, die ich gerade beschreibe. Auch ich traf später – weit weg und lange vom Tatort der Intimität entfernt – Frauen, die mir plötzlich seltsam fern erschienen, ja, ich mich heimlich fragte, was zum Teufel mich je an ihnen fasziniert hatte. Ich wette, sie haben sich dieselbe Frage gestellt. Bisweilen kam es zu giftigen Wortwechseln, so groß war die Enttäuschung, die wir uns gegenseitig gerade bereiteten. Sehr rasch folgte die Abreise. Was war, war nicht mehr. Unsere Nähe schien nicht tief genug, um ohne die entschwundene Magie überleben zu können.

Dabei hatten wir noch Glück. Denn nie kam es an den magischen Gefilden zu verbalen Ausrutschern, nie versprach einer dem anderen irgendeine Zukunft: eine mit Verlobung, mit Hochzeit, mit einem Haus voller Säuglinge. Wer das vorhat, der sollte vielleicht noch die nächsten Zeilen lesen. Sie könnten ihn zum Nachdenken (Vordenken!) bewegen. Ich habe die folgenden, eher tragikomischen Ereignisse nicht selbst erlebt, war nur Zeuge. Gern Zeuge, denn mir wurde beim Zuhören und Zusehen klar, dass es ZeitgenossInnen gibt, die noch verführbarer sind als ich, noch einfältiger und ahnungsloser.

Ich kenne vier solcher Leute in meinem Bekanntenkreis – eine Frau, drei Männer –, kenne ihre Storys, alle voller Klischees, die alle gemein wahr wurden. (Das ist das Tückische an Stereotypen, denn oft lügen sie und oft nicht.) Von zwei Geschichten will ich erzählen. Zuerst von Rima. Ach Rima! Die Posse einer Verzweifelten, die sich in Nigeria in einen hübschen Nigerianer verliebt hatte und ihn – »betreffs Heirat« – nach Bielefeld einfliegen ließ: Sie, die Posse, endete in Tränen, denn in Nordrhein-Westfalen gibt es keine Meeresbrisen und nirgends steht ein Affenbrotbaum, der im Abendwind rauscht. Adewale war noch immer hübsch, aber jetzt stellte sich heraus, dass er viel mehr nicht vorzuweisen hatte als seinen biegsamen, sicher immer zuverlässigen Männerbody. Der 28-Jährige war Manns genug, freiwillig wieder abzurauschen.

Anders der Fall von Ulrich, einem Belami, den ich seit meiner Jugend kenne und der einst in schwere Not geriet: Er verfiel in Havanna einer Kubanerin. Und schleppte sie nach Deutschland ab. Als künftige Braut. »Weiße Frauen« nervten ihn (Rima hatte Ähnliches über »deutsche Männer« verlautbaren lassen), er wollte jemanden mit »Herz«, mit »Gefühl«, ohne »Anspruchsdenken«. Der Leser ahnt, was kommen wird. Ungute Ahnungen, denn wer in seinem Hirn so viel schauerlichen Unfug wie Ulrich (oder Rima) herumträgt, fordert das Schicksal förmlich heraus. Und es kam, wie es kommen musste. Ein paar Tage nach der Ankunft der beiden – ein gut aussehendes Paar – richtete sich Alicia auf Ulrichs Sofa ein. (Diesmal fand das Unglück in Frankfurt statt.) Und hantierte an der Fernbedienung. Die sie nur losließ – ich überspitze verhalten –, um zum Shoppen aufzubrechen. Mit der Kreditkarte des Bräutigams.

Damit kein Applaus von der falschen Seite droht: Kubanerinnen sind in etwa so vortrefflich oder durchtrieben wie andere Frauen auf anderen Erdteilen. Ulrich hatte eben Pech. Oder die Frau, die er verdiente. Ich habe keine Lust auf einen moralsatten Schuldspruch über sein Tun. Im Gegenteil, seine Pleite amüsierte mich. So ist das eben mit der Liebe, wenn man ihr Bedingungen stellt: Sie setzt sich ab, haut ab, verdrückt sich.

Aus Taktgefühl werde ich nicht von den Maßnahmen berichten (auch nicht von meinem bescheidenen Anteil daran), die der Radiojournalist ergriff, um seine Anvertraute wieder zurück in die Karibik zu deportieren. Das war nicht die feine Art, aber sicher weniger peinigend als die Aussicht auf ein kubanisch-germanisches Ehedesaster. Mit Schlachten ohne Ende.

Der Erkenntnisgewinn aus alldem, Reisender? Feiere hingegeben an allen fremden Orten das Leben. Sagen wir, an jedem, an dem zu feiern sich lohnt. Aber lass die »EingeborInnen« dort, wo immer du ihnen – charmant, respektvoll, neugierig – begegnest. Gegensätze ziehen sich an. Wie wahr: drei Wochen lang. Dann werden sie anstrengend und Entfernungen – von einem Kopf zum anderen – tun sich auf, die keiner der zwei überbrücken kann. Meist nicht. Gewiss nicht in einer gemeinsamen Zukunft. So soll die nächste Anweisung zur eleganten Annäherung an die Welt lauten: Carpe diem, viator!

Der magische Moment: Europa

Ich habe lange überlegt, welcher Augenblick mir – in Europa – am unvergesslichsten blieb. Und kam immer wieder auf den einen zurück, der mir sofort eingefallen war. Es gab keinen unvergesslicheren. Mehr Intimität ging nicht. Mehr Menschlichkeit – im Sinne von Verwundbarkeit, von Vergänglichkeit – habe ich nicht erlebt. Auch auf keinem anderen Kontinent.

Zuerst die wilde, böse Vorgeschichte: Stichwort »Wismut SDAG« (Sowjetisch-Deutsche Aktiengesellschaft), jener kleine Erdteil in Sachsen, wo Stalin nach dem Krieg Uran suchen ließ. Der Kommunist wollte bomben und töten können wie sein kapitalistischer Kollege Truman. Eine rote Atombombe musste her. So kam aus Moskau der Auftrag, in der »Sowjetisch besetzten Zone« (der späteren DDR) nach dem »Erz des Friedens« zu graben, dem Massen mordenden Atombomben-Uran.

Ab 1946 fuhren Rollkommandos übers Land, um Arbeitskräfte anzuheuern. Wismut zog, das Angebot klang im bitterarmen Deutschland verlockend: doppelter Lohn, ein Dutzend verschiedener Zusatzprämien, ausreichend Verpflegung,

136

Beschaffung einer Unterkunft, ein eigenes Transportsystem. Wer nicht spurte, wurde zwangsrequiriert: Ehemalige Nazis, »Landstreicher«, Kriegsgefangene, sie alle kamen »zur Bewährung« in die Stollen. Nie fiel ein Wort über die Gefahren der Arbeit. Es fragte auch niemand. Das Inferno Weltkrieg überlebt zu haben, essen zu können, arbeiten zu dürfen, nicht nach Sibirien zu müssen, das machte dankbar und leise. Dass die Arbeitgeber aus Moskau mit Bleiwesten einflogen, beunruhigte keinen. Der Tod, vor dem sie sich schützten, war ja nicht sichtbar. Ein freundlicher Tod, still, stumm, geruchlos, nie in Eile. Erst Jahre, oft viele Jahre danach, würde er die Steiger abholen. Ohne jede Anstrengung, denn seine Opfer waren inzwischen lahm und taub geworden, ihre Hände flatterten (Presslufthammer!), der Kopf sauste, der Magen schwärte, Lungen röchelten, Krebse wucherten, ein Herz nach dem anderen verendete.

Der Anfang jedoch war triumphal: Wildwest in Sachsen. Stunde Null und noch immer am Leben, nicht zu fassen. Auf den Dächern der Züge fuhren sie zur Zeche, bald suchten Hunderttausende nach Uran. Auf einem Gebiet von knapp 10 000 Quadratkilometern. Und die Kohle stimmte, der viele Schnaps war fast umsonst, die Wirtshäuser dampften, Schieber stiegen ab, Spekulanten folgten, an jedem dritten Hauseck lief ein Schwarzmarktgeschäft. Und der Rest der Kraft wurde verprügelt, versoffen, verhurt. Und verspielt. Ein paar Verzockte hingen sich auf, ein Dutzend Nutten stürzte sich syphiliszerfressen in den nächsten Schacht. Es gab schon müdere Zeiten.

Als ich ein halbes Jahrhundert später vorbeikam, um über die tödliche AG zu recherchieren, hatte die Wiedervereinigung bereits stattgefunden und Wismut war als Uranspender nicht mehr aktuell. Was noch immer war: die toxischen Abraumhalden, die versauten Gewässer, die kontaminierte Erde, die ungeheuren Flurschäden eben, die das Unternehmen hinterlassen hatte. Und die verwüsteten Männer, die bis dahin überlebt hatten.

Ich kam auch nach Zschadraß. Am hiesigen Krankenhaus hatten sie viele Bergleute operiert. Und operierten noch immer. Chefarzt Doktor W. lud mich zum Abendessen ein, bei sich zu Hause. Ein warmer, kluger Mensch. Ich fragte und er wusste alles. Auch, dass Wismut-Ärzte die Ruinierten meist über ihren wahren Zustand belogen hatten. Statt »todkrank« wurde meist »chronische Entzündung« diagnostiziert. Um sie als Arbeitskräfte zu behalten. Und die Auszahlung der Frührente zu verhindern. Beim Abschied erwähnte der Gastgeber noch, dass für den nächsten Tag eine Operation angesetzt sei. Ich solle doch zuschauen.

Ich ging zurück zur Klinik, wo man mir ein Zimmer überlassen hatte. Die Sonne war schon verschwunden, aber noch leuchtete ein dunkelgelber Himmel über die Felder. Schöner Anblick. Die Nationalsozialisten hatten hier in der »Landesanstalt« die Opfer ihres Euthanasieprogramms zwischengelagert. Mir wurde bewusst, dass ich zum ersten Mal ein Land bereiste, das sich ebenfalls Deutschland nannte.

Um 7.30 Uhr morgens, kurz vor der Operation, sprach ich mit dem Kranken. Leichtsinniges Gerede, um ihn aufzumuntern. »Alter: 58« stand auf der Akte von Helmut K. Hätte »78« da gestanden, es wäre nicht aufgefallen. Der Mann war fertig, wismut-fertig. Obwohl er nur fünf Jahre dort als Hauer gearbeitet hatte. K. war lebenslänglicher Nichtraucher und seit Kurzem Besitzer eines Lungenkrebses. Heute sollte der Tumor entfernt werden. Aus Freundlichkeit. Aus keinem anderen Grund. Dem Kumpel, so hatte ich durch einen diskreten Nebensatz des Doktors erfahren, war nicht mehr zu helfen.

Wie versprochen, durfte ich zuschauen. Aber aus zwei Metern Entfernung. Das waren zwei Meter zu weit. Also bettelte ich und der Arzt schickte mich wieder hinaus. Damit Oberschwester Simone mich »sterilisiere«: zehn Minuten Hände bürsten, fünf Minuten in Alkohol legen, eine keimfreie Schürze anlegen, Kopfbedeckung und Mundschutz, dann zurück in den Operationssaal. Jetzt stand ich neben dem weit offenen Brustkorb des Patienten. Wie ein Rachen voller Blut lag der Torso da. Und nun passierte es. Der Chirurg nahm meine linke Hand und führte sie hinein in das rote Loch, führte sie direkt an das Herz von Helmut K. Ich berührte es, dann umfasste ich es. Und schloss die Augen. Um das Wunder ganz wahrzunehmen. Und wusste sogleich, dass ich die Ungeheuerlichkeit des Augenblicks nie begreifen würde: Das Herz eines Menschen lag in meiner Hand. »Es zuckt«, flüsterte ich irgendwann, überwältigt und ungläubig wie ein Kind.

Essen

Einen Nutzloseren als mich könnte man zu diesem Thema nicht finden. Ich habe noch nie gekocht, noch nie eine Wohnung mit Herd gemietet, noch nie ein Kochbuch aufgeschlagen, noch nie einen Kochtopf gekauft, noch nie – seit dreißig Jahren – mehr als zwei Teller, zwei Tassen, zwei Gläser, zwei Messer, Gabeln und Löffel besessen. Und eine Vorrichtung, um Wasser heiß zu machen. Für den Kaffee. Bei mir gibt es immer nur *bed & breakfast*. Zu mehr Serviceleistungen fehlt mir die Kraft.

Ach ja, ich will viel sein. Und viel weniger haben. (Geld schon, aber Scheine sind leicht, sie zu schleppen hinterlässt keine Spuren.) Der französische Sänger und Komponist Serge Gainsbourg meinte einmal, dass stets genug auf seinem Konto lag, um sich alle Dinge »leihen« zu können. So konnte er sie hinterher wieder hergeben, sorglos, unbekümmert. Das ist ein unglaublich schlauer Lebensentwurf.

So mache ich es, Stichwort Essen, immer. Zu Hause in Paris. Und – noch häufiger – auf Reisen. Ich gehe dann drei Mal pro Tag in ein Restaurant und leihe mir für etwa eine halbe Stunde das nötige Geschirr aus. Dann brauche ich es nicht mehr und lasse es seelenruhig stehen. Für diese außergewöhnliche Freundlichkeit des Wirts, mir ein solches Verhalten nachzusehen, bezahle ich gern. Er sorgt für Speis und Trank, bringt es her, bringt es weg, spült alles ab, trocknet alles ab, räumt alles ein. Eine Heldentat nach der anderen. Auf geheimnisvolle Weise haben sich alle Wirte weltweit auf diese Gesten geeinigt: Ich komme rein und jeder von ihnen tut, was ich will. Klar, nachdem ich sie höflich darum gebeten habe.

Ich bin ein schnell zufriedener Kunde, bin schon mit der einfachsten Kost einverstanden. Ich esse alles, was man mir hinstellt. Nur zweimal, wenn ich mich recht erinnere, war ich zu schwach für das Gebotene: In London habe ich die *Fish & Chips* stehen gelassen. Nachdem ich blau angelaufen war, neonblau wie die Pommes. Und in Tunesien bin ich nach einem halben Teller Couscous vor dem Restaurant eingeknickt. Niedergestreckt von bestialischen Magenschmerzen. Aber sonst habe ich alles weggesteckt. Ich glaube, das ist eine brauchbare Eigenschaft für einen Reisenden: seine Bescheidenheit in Nahrungsfragen. Denn bisweilen treibt er sich in Weltgegenden herum, wo nur eine Manioksuppe auf ihn wartet. Deshalb freuen sich die Einheimischen, wenn die Verzogenen zu Hause bleiben. Jene Anspruchswürstchen aus reichen Landen, denen das Beste nicht genug ist. Schon in ihrer Heimat sind sie nervtötend anstrengend.

Wer kennt sie nicht, die notorischen Nörgler, die es noch in Hinterindien besser wissen als das zuständige Personal. Da ich gar nichts weiß, bin ich ein gern gesehener Gast. Und da ich oft nicht einmal die Speisekarte verstehe, aus Mangel an Sprachkenntnissen oder aus gastronomischer Ahnungslosigkeit, lasse ich mir das Menü vorlesen und entscheide nach dem Klang. Was gut klingt, muss gut schmecken. Oder ich gehe in die Küche und schaue in die Töpfe. Duft kann auf unschlagbare Weise den Appetit verdoppeln. Und während die anderen schuften, darf ich dasitzen und schauen. Oder denken und lesen. Oder zuhören und reden. Und verliere kein Gramm

Lebenszeit mit Kartoffeln-Schälen, Müllsäcke-Wegtragen und Vorratskammern-Scheuern.

Ich habe inzwischen verstanden, dass Köche beneidenswerte Männer sind. Ihre Ausstrahlung auf Frauen scheint enorm. Vor Jahren war ich in *Big Sur* unterwegs, dem Garten Eden an der kalifornischen Küste. Im *Esalen Institut*, einem Therapiezentrum zum Besänftigen weltweiter Neurosen, lernte ich den Amerikaner Charlie Cascio kennen. Er war dort Chefkoch. Ein heiterer, gänzlich unprätentiöser Mensch. Wir mochten uns auf Anhieb. So luden er und seine Freundin Marion mich zu sich nach Hause ein. Wir fuhren den *Highway One* entlang, kurvten irgendwo rechts ab, sperrten eine Privatstraße auf und landeten nach haarigen Serpentinen ganz oben. Wo sich ihr leichtes Haus befand, das sie mit rastlosem Eifer hochgestemmt hatten. Mitsamt allen Büchern und einer großen Badewanne, die nun vor dem großen Fenster stand. Mit dem Pazifik davor, der wie ein Weltwunder in der Abendsonne strahlte.

Und der Meister bat zu Tisch. Nachdem er in der Küche den Wunderlöffel geschwungen hatte. Ein Mahl für Könige. Wir aßen, nein, wir speisten, und ich habe selten eine Frau wie Marion gesehen, die – immerhin kannten sich die zwei seit fünf Jahren – so haltlos verliebt war. Natürlich wusste ich nicht, woher das Tändeln kam, aber ich vermute, dass nun das, was Charlie gerade (wieder) gezaubert hatte, wie ein Botenstoff reiner Seligkeit durch den Leib seiner Freundin wanderte. Und sie deshalb aus schierer Dankbarkeit den Koch mit Liebesblicken überhäufte. Wer rührt einen inniger an als ein Mensch, der die Glücksgefühle in unserem Körper erhöht?

Wann immer ich an dieses Dinner unter einem hell glitzernden Sternenzelt in Kalifornien denke, muss ich grinsen. Zwei haltlos Entflammte nahmen daran teil. Und ein ganz und gar Überflüssiger, ich. Schade, dass mir jede Begabung zur Bisexualität fehlt. Sonst hätte nichts mich aufgehalten, nach dem Koch zu greifen und ihn zu streicheln.

Fragen

Dieses Kapitel muss sein, weil ich oft eine seltsame Erfahrung mache: Ich bin mit jemanden unterwegs – sagen wir in einem Auto – und wir kommen in eine uns beiden unbekannte Stadt. Irgendwo in Deutschland oder irgendwo weit weg. Und der Fahrer findet die gesuchte Adresse nicht. Da ich auch keine Ahnung habe, schlage ich sogleich vor, zu halten und jemanden nach dem Weg zu fragen. Schlichter und einleuchtender kann eine Anregung nicht sein. Von wegen. Acht von zehn Zeitgenossen antworten darauf mit Nein. Sie wollen nicht fragen, sie wollen lieber eine Stunde im Kreis fahren und irregehen. Da ich aber zu Höherem geboren bin, als unnütz in einem Faradaykäfig zu sitzen, versuche ich inständig, den anderen zu überzeugen. Mit lausigem Erfolg.

Was, zum Teufel, ist der Grund für dieses Brett im Hirn? Ich habe geforscht und nichts gefunden. Bohre ich nach, sind die Erklärungen vage und flüchtig. Schüchternheit? Hm, einst ersetzte man dieses Wort durch »Blödheit«. Das klingt knallhart, hat aber was. Faulheit? Hm, grotesker kann man nicht träge sein. Denn eine klare Frage würde enorm viel Arbeit sparen. Gesichtsverlust? Hm, nicht erkennen wollen, dass man

143

bisweilen ohne die Hilfe anderer nicht zurechtkommt? Weil einer gern als Weltmeister unterwegs ist und nie eine Schwäche zeigen will? Ob so jemandem noch zu helfen ist?

Das soll ein schmales Kapitel werden, so sei der kurzen Rede kurzer Sinn: Frag, Mensch! Das gilt tausend Mal dringlicher für Leute, die hinaus in alle fünf Kontinente fliegen: Frag, Reisender! Und wäre es mit dem Lexikon in der Hand. Oder mit einem vom Hotelportier vollgekritzelten Zettel. Oder mit den fünfzig eingetrichterten Wörtern, die man auswendig kann. Erkundige dich nach allem, was dir fehlt. Was hat einer in der großen weiten Welt verloren, wenn er sich weigert, sich nach ihr zu erkundigen? Nichts! Einleuchtender scheint es, wenn so ein Nachtwächter zu Hause bliebe, hinterm Ofen, schüchtern oder faul oder größenwahnsinnig. Denn die Welt gehört den Neugierigen, den Suchern und Unzufriedenen. Allen eben, die jeden Tag über das viele erschrecken, von dem sie noch nie gehört haben. So soll als Vorbild jener gelten, der auf jede Antwort eine Frage weiß: der Unersättliche! Er lebe hoch!

Der magische Moment: Ozeanien

Der englische Schriftsteller Joseph Conrad notierte vor langer Zeit in sein Tagebuch: »What is art all about? To make you see«, was ist der Sinn der Kunst? Dich zum Sehen zu bringen!

Das soll auch für das Reisen gelten. Nicht sofort das Handy zücken, nicht die Canon, nicht die Videokamera, nein, nichts anrühren, nur »schauen«. Wie sagte es ein Spötter, haarscharf formulierend: »Heute haben wir wieder viel fotografiert und wenig gesehen.« Soll heißen: Mache es genau umgekehrt, sieh zuerst, lass zuerst die Welt, die Erscheinungen der Welt, in dein Herz dringen, in deinem Hirn landen. Steh still und empfinde!

Absurde Wirklichkeit. Ich gehe in den Louvre, wo, wie jedermann weiß, ein paar Hundert Weltwunder ausgestellt sind. Aber die meisten Besucher rennen nach rechts. Wie eine Schnellstraße ist der Weg zur Mona Lisa ausgeschildert. Und als sie atemlos ankommen, warten bereits dicke Trauben von Menschen davor. Unmöglich, etwas zu sehen. Vielleicht den Haaransatz der geheimnisvollen Italienerin, mehr nicht, sicher nicht das berühmte Lächeln (das angeblich die schlechten Zähne des Modells kaschieren sollte). Macht nichts, sofort wird das Gemälde fotografiert. Geht aber auch nicht, denn vor ihnen haben alle anderen ebenfalls ihr Mobiltelefon in die Höhe gestreckt. So machen Leute Bilder von Leuten, die ein Bild von einem Bild machen wollen.

Deshalb stillstehen und empfinden. In diesem Fall ein anderes Wunder im Louvre suchen. Und staunen. Wer das noch kann, das Schauen, hat vorläufig gar keine Zeit, irgendwelche Gerätschaften zu postieren. So beschäftigt ist er mit dem *Wahrnehmen*. Wahr im Sinne von letzter Intensität. Das gilt für mich als Schreiber nicht anders. Kommt eine Sensation auf mich zu, dann denke ich ja auch nicht über die Wörter nach, um dieses Wunderwerk zu beschreiben. Im Gegenteil, ich verbitte mir derlei Ablenkungen. Ich tue alles, damit mich der Anblick – widerstandslos – überrollt. Denn dieser Hunger nach den tiefen, bodenlosen Gefühlen, der jagt mich noch immer.

Nehmen wir ein drastisches Beispiel, das allen einleuchten sollte: Ein Mann und eine Frau lieben sich, physisch, nackt, schweißgebadet erregt. Wer von uns würde nicht ihn oder sie beneiden. Zwei, die mit allem einverstanden sind, was sie sich gerade an Begehren und Verlangen schenken. Wie grotesk wäre die Idee, jetzt einen Apparat hervorzuholen, um die Intimität festzuhalten. Denn das Mitreißendste an diesem »Akt« ist seine radikale Ausschließlichkeit. Deshalb fasziniert uns Sex so machtvoll. Weil wir spüren, dass er eines der letzten Territorien ist, wo wir noch fähig sind, uns diese Radikalität des Gefühls zu verschaffen. Eine Stunde tiefer Empfindung im Meer der Banalität, der lauwarmen Sauce des Alltags. (Die Zeiten haben sich geändert: Wer heute einen Porno anschaut, sieht kein Paar mehr, sondern zwei Personen, die – ziemlich desinteressiert aneinander – den Vorgang des Gefilmtwerdens dazu benutzen, ihre primären und sekundären Geschlechtsorgane fotogen in Stellung zu bringen. Sie haben keinen Sex, sie inszenieren »Geilheit«.)

Wäre es nicht großartig, wenn wir etwas vom Zauber der Hingabe beim Reisen wiederfinden würden? Ob mit oder ohne Eros. Nur wieder lernen würden, »andächtig« zu werden vor der Welt, wieder verzaubert sein zu können von den Zauberstücken, die sie uns bietet.

Ich erinnere mich an eine Fahrt durch Australien. Zwei Bänke hinter mir saßen die beiden anderen Passagiere, zwei Engländerinnen. Als der Bus an einem der Weltwunder − dem *Ayers Rock*, dem *Uluru* − vorbeizog, sahen die zwei auf ihrem DVD-Player einen Hollywood-Larifari mit dem sinnigen Titel *Perfect Picture* an. Aus Mitgefühl angesichts so viel Ignoranz machte ich die beiden auf den famosen Monolithen aufmerksam. Und was geschah? Die zwei »Reisenden« holten ihre (vollautomatischen) Kameras heraus, schwenkten zum Fenster, knipsten dreimal und kehrten wieder zum Zelluloid-Käse zurück.

Die Wirklichkeit interessierte die Freundinnen − immerhin kamen sie aus einem 16 980 Kilometer entfernten Land − einen Furz. Ein Foto von ihr − sozusagen als Beleg für »Hurra, wir waren da!« − reichte völlig. »Déjà mort«, sagen sie in Frankreich zu solchen Leuten: Schon tot! Das Bemerkenswerte an diesem Totsein ist die Tatsache, dass die Toten nicht wissen, dass sie bereits als Leiche unterwegs sind. Nur die Beerdigung verzögert sich noch. Viele solcher Tote gibt es. Weltweit, unzählige.

Danke, Leser, für den Langmut, aber dieser magische Moment brauchte ein Vorwort. Doch jetzt fängt er an. Er passierte als letzter Teil einer Geschichte, die mir auf Tanna widerfahren ist, einer Insel, die zu Vanuatu gehört, einem kleinen Staat in der Südsee. Hier war ich dank irrwitziger Verwechslungen zum lang erwarteten Messias ausgerufen worden. Zuletzt schickten mir die Einheimischen die Dorfschönste an mein Nachtlager. Aus purer Dankbarkeit für meinen Auftritt. Als Gott.

Aber sie hatten noch ein Geschenk in petto. Zwei Tage nach dem schönen Wahnsinn fuhren mich ein paar meiner »Jünger« zum Vulkan *Yasur*, frühmorgens. Drei Männer und eine alte Frau aus dem Dorf Yaneumakel, wo ich übernachtet hatte. Bis auf 150 Meter kamen wir mit dem Geländewagen an den Schlund heran, dann zu Fuß weiter.

Das Feuer, das der Vulkan in den Himmel spie, sah phantastisch aus. Aber das war es nicht, war nicht die Gabe, nicht das Wunder. Doch dann, nach vielleicht einer halben Stunde, in der wir knapp unter dem Rand des Vulkans gewandert waren, zeigte die 87-Jährige auf die Ebene. »Dort unten«, sagte sie, »habe ich die Nachricht von deinem Kommen erhalten.« (Von meinem Kommen als Gott!) Ich folgte mit dem Kopf ihrer Handbewegung. Und sah das Geschenk. Und hielt den Atem an. Nicht überraschend, dass man in einer solchen Umgebung den Verstand verlor.

Jeder Mensch – und ein Reisender im Besonderen – hat virtuell riesige Bilderbanken gespeichert. Ob er nun fotografiert oder nicht. Und irgendwann fragt er sich, was sein »Bild der Bilder« ist. Das eine, das jedes andere in den Schatten stellt. Das meine, das unübertreffliche, machte ich in diesem Moment. Mit nichts in Händen, nur mit meinen Augen.

Halt ein, Leser, lass mich die Bildbeschreibung noch hinauszögern und die Geschichte von Vasco Núñez de Balboa erzählen. Denn damals auf Tanna fiel sie mir wieder ein. Sie passte. Der Konquistador war, wie viele seiner Kollegen, Spanier, gottesfürchtiger Christenmensch, Mörder, Vielfachmörder, Entdecker und hündisch gierig nach Gold. Und unerhört waghalsig. Irgendwann hatte er gehört, dass am westlichen Rand von Panama (was wir heute so nennen) ein Berg stünde, hinter dem sich ein See befände, »dessen Zuflüsse alle Gold mit sich führten«. Also durchquerte er die Landenge, schlachtete die im Weg stehenden Indios und stand nach drei Wochen, am 25. September 1513, tatsächlich vor dem Hügel. Und de Balboa – er schien durchaus begabt für Drama und Nachruhm – befahl seinen Soldaten, hier zu warten. Er wolle allein den Anblick genießen, allein auf ewig der »erste Spanier, der erste Christ« sein, der die Verheißung zu Gesicht bekomme. Und er bekam sie. »Sprachlos« soll er gewesen sein. Und nannte den See, nachdem er die Sprache wiedergefunden und gemerkt hatte, dass das Wasser nach Salz schmeckte: »la mar del sur«, die Südsee. Und nahm sie – der Weiße Mann kann nicht anders – umgehend für seinen König »in Besitz«. Weitere 165 Millionen Quadratkilometer für die Christenheit!

Himmel, wie menschenfreundlich schien da mein Blick vom 360 Meter hohen Yasur. Serena, die Greisin, zeigte auf ein apokalyptisch schönes Panorama. Da unten lag der *Isiwi Lake*, millionenfach kleiner als de Balboas Ozean, nur ein Seelein. Aber in dem flachen, smaragdgrünen Teller, vollkommen umrahmt von grauer Lava-Asche, steckten ein halbes Hundert Kokospalmen, die – der Gipfel der Wunderlichkeit – verkehrt herum(!), mit den Wurzeln nach oben, in den Himmel ragten. Erfunden wie pure Science-Fiction, ja, wie ein wildwahnsinniges Gemälde von Dalí. Doch der Maler hatte immer sein Genie gemalt, sein Unbewusstes, seine halsbrecherischen Kopfgeburten. Doch hier war alles real, wirklich, weltlich, beharrlich vorhanden. Auf unumstößliche Weise konnte ich es sinnlich, mit allen meinen Sinnen, erfahren.

Ich glaube, ich stammelte. Irgendwann hatten die vier Erbarmen und klärten mich auf: Vor nicht langer Zeit war hier der Zyklon *Uma* über die Insel gewütet und hatte am anderen Ende der Insel mit kosmischer Kraft die Bäume aus der Erde gerissen, sie kilometerweit durch die Luft geschleudert und hier in den Seeboden gerammt. So mächtig seine Gewalt, dass er den Bäumen sogar die Rinde weggefetzt hatte. Wie bleiche Knochen stakten sie nun aus dem türkisfarbenen Wasser.

Ich setzte mich. Um die Druckwellen der Verzückung auszuhalten. Noch gesteigert durch das Zittern und Donnern des Bergs im Hintergrund. Ich saß mitten in einer Apotheose, ja, jetzt war ich tatsächlich Gott, so göttlich beschenkt, so überhäuft. Und die vier sagten kein Wort, taktvoll ließen sie mich sitzen und überwältigt sein. Wie eine Droge fuhr der Anblick

von Schönheit in mich. Ich war jetzt nicht mehr zurechnungs-
fähig, ich war Opfer einer Urgewalt.

Irgendwann riss ich mich los. Nachdem ich das »Bild«
immer wieder gescannt hatte. Nichts sollte mir entgehen, alles
sollte mich – Pixel für Pixel – für immer begleiten. Erst am
Fuße des Vulkans tauchte ich wieder auf, kam zurück in die
Welt. Das war der Moment, in dem mir der christliche See-
fahrer Vasco Núñez de Balboa einfiel. Und ich laut zu lachen
anfing. Denn so spielerisch, so unbekümmert war ich zu meiner Sprachlosigkeit gekommen. Während er – der ehemalige
Schweinezüchter, der auf Eroberer umgesattelt hatte – mor-
den und totschlagen musste, um auf seinen Berg zu gelangen. Noch umwerfender erschien mir die Lage, als ich begriff,
dass ich den *Isiwi Lake* nicht besitzen, ja, ihn auch nicht im
Namen meines Bundeskanzlers erstürmen wollte. Selbst das
störte mich nicht: das Wissen, dass ich nicht der Erste war,
der hier von dieser Glückseligkeit heimgesucht wurde. Am
allererfreulichsten jedoch war die Gewissheit, dass ich eines
Tages nicht enthauptet würde. Wie der »Südsee-Entdecker«.
Von einem noch Gierigeren.

Wir fünf zogen zurück ins Dorf, gerade rechtzeitig, denn
Kava time hatte bereits begonnen. Vanuatus Nationalgetränk,
eine gepresste Pfefferpflanze mit Wasser vermischt. Eine Pro-
millebombe. Nach zwei Schalen war ich gliederleicht betrun-
ken. Jeder kicherte, selig voll. Sie wussten alle von meinem
Glück und lächelten mir zu. Ach ja, dunkel fiel mir ein, dass
ich kein einziges Foto gemacht hatte. Ich wäre sicher zu
behext gewesen, um den Auslöser zu finden. Wie belanglos,
ich glaube ohnehin nicht, dass »ein Bild mehr sagt als tausend
Worte«, ich glaube, nein, ich weiß: Ein paar Minuten (leiden-
schaftlicher) Wirklichkeit zählen heftiger als tausend Bilder.

Moderne Zeiten

Die grassierende Einsamkeit muss furchtbar sein. Vielleicht war sie früher ähnlich furchtbar, doch gewiss weniger sichtbar. Vor aller Augen. Man sieht erwachsenen Männern zu, die beim Einfahren des Zuges nach ihrem Handy greifen und wissen wollen, ob Mutti oder die Gattin (oder beide) bereits am Bahnsteig stehen. Nachdem sie vorher schon fünf Mal gesimst haben, um ja sicher zu sein. Jeder Schaffner sollte den Herren vor Reiseantritt einen Lolli zustecken. Damit wir sie sogleich erkennen und ihnen ein Taschentuch reichen. Für die vielen Tränen, wenn möglicherweise gerade kein Familienanschluss funktioniert, folglich der 45-Jährige – nur auf sich gestellt – einen deutschen Bahnhof betreten muss. Am helllichten Tag. Mutterseelenallein. Das nackte Grauen.

Sie erinnern an Schoßhündchen, denen man früher einen winzigen Beutel mit zwanzig Pfennig umhängte. Damit man den Besitzer anrufen konnte, wenn der Vierbeiner sich verlaufen hatte.

Hier reisen keine Männer, hier fordern Dreijährige Begleitschutz. Die Infantilisierung unserer Gesellschaft hat viele Gesichter. Eines davon: nicht mehr für sich sein können, dafür

151

ununterbrochen behütet werden, ununterbrochen *connected*, immer *online* sein müssen. Das scheint mir so schauerlich wie für immer vereinsamen.

Noch überraschender: Ich flaniere durch eine Stadt und jedes Internet-Café ist brechend voll. Nicht von Einheimischen, nein, von Ausländern. Und emsig hämmern sie in die Tasten. Um die Daheimgebliebenen zu informieren. Aber wie soll das gehen? Über was »Bescheid« geben, wenn man stundenlang hämmert und chattet? Unheimlich, wie intensiv sie kommunizieren. Nur eben nicht mit den Fremden, den vielen draußen vor der Tür. Wie auch vom fernen Land und fernen Leuten erfahren, wenn man keine Zeit investiert, um ihnen nahezukommen? Wie denn etwas Herzbewegendes (Hirnbewegendes) berichten, wenn man sein Herz und sein Hirn nicht anrühren lässt? Wie Leben erfahren, wenn man die Welt links (und rechts) liegen lässt? Wie sich einlassen auf die Gegenwart, wenn man so oft nach Hause »flieht«, in die Vergangenheit, eben immer Kontakt sucht mit denen, die man schon kennt, immer die Sprache spricht, die keine Mühe macht, immer nur jene Gefühle wahrnimmt, die nicht überraschen?

Ich würde gern kapieren, warum jeder von jedem wissen will, wo er sich gerade aufhält. Will keiner mehr ein Geheimnis haben? Geheimnisvoll sein? Muss einer grundsätzlich mit seiner Großfamilie, den Abertausenden »friends«, unterwegs sein? Darf man sie nicht ab und zu zum Teufel jagen? Weiß keiner mehr, dass alles von sich sagen unheimlich anödet? Vor Jahren fand ich einen Graffito auf einer Hauswand, er klang ziemlich weise: »Denk nicht immer an mich, ich will auch mal allein sein!«

Oder sitzen hier, in den Netcafés, die Angeber, die nichts Wichtigeres zu tun haben, als die Abwesenden über ihr »Hiersein« zu informieren? Obwohl sie über ihre Anwesenheit nicht viel mehr zu verlautbaren haben, als dass sie hier sind. Ja, so manche fordern die Welt auf, ihrem »Abenteuerblog« zu folgen. Auf dem sie uns vom netten Herbergsvater Antonio oder der herrlichen Spargelsuppe beim superlieben Monsieur Fabrice erzählen. Dazu Bilder liefern, die unseren Helden in Abenteuerstellung zeigen. Von vorne, von hinten, von nah, von fern, von früh bis spät. Lauter Nachrichten und Fotos, bei denen nicht recht einleuchtet, wen sie interessieren könnten. Am modernsten sind jene Zeitgenossen, bei denen man »Daumen rauf« anklicken kann. Man wird den Verdacht nicht los, dass die meisten der Opfer – die heimgesuchten Mailempfänger – positiv antworten. Um lästige Fragen zu vermeiden.

Ganz forsch: Ich propagiere das Aushalten dieses anstrengenden Gefühls: der Einsamkeit. Nicht immer, aber immer wieder. Weil so der Reisende »gezwungen« wird, sich mit seiner Umgebung – fern, fremd, unbekannt – zu konfrontieren, sich auf sie einzulassen. Isolierung und Unruhe können ungemein kreativ sein. Unter der Bedingung, dass man nicht sofort die nächstbeste Beruhigungspille – Telefonieren, Fernsehen, Surfen – schluckt. Hat jemand ein bisschen Mut mitgebracht, dann wird er sich an das Nagelneue rantasten, sich trauen, selbst das Risiko eingehen, noch einsamer zu werden. Aber ohne das, verdammt, geht es nicht. »Loneliness makes things happen«, hat mir ein amerikanischer Reporter erzählt. Mit weniger Wörtern kann man es nicht sagen.

Ich will als Schreiber – auch – ein bisschen peitschen. Den Leser, o.k., auch die Leserin. Damit er/sie den Schweinehund – er wildert in jedem von uns – erledigt und loszieht. Denn Reisen – wie das Leben, oder? – lernt jeder nur, indem er es »tut«: mit allen Fehlern, mit allen Irrungen und Trugschlüssen. Und immer, bitte, ohne Nabelschnur, ohne Hotline zu Mutti und Vati, ja, ohne eine einzige Windel.

Ich frage mich, woher diese Sehnsucht kommt, nicht »da« sein zu wollen, sondern woanders. Konkret: schon wieder daheim. Klar, die Einsamkeit. Aber dieser Grund reicht nicht. Dazu kommt, vermute ich, die Lust auf permanente Zerstreuung. Die moderne Gesellschaft mit ihren gigantischen Ablenkungskräften lässt sich keine Gelegenheit entgehen, uns weg-zuziehen. Vom innigen Leben. Und hin zum Seichten zu schubsen. Damit wir immer weiter nach Ablenkung hun-gern. Weil ja das Seichte nichts anrührt in uns, nicht in unser Herz dringt, nichts »kostet« an Widerstand und Eigenverant-wortung.

Jeder spürt das, jeden überkommt – immer wieder – das Gefühl, wie unsäglich platt das Leben geworden ist. Fast alle ertappen sich bei solchen Überlegungen. Die Frage ist nur, ob einer die Kraft hat, gegenzusteuern. Um der Flachköpfig-keit zu entkommen.

Nein, ich bin kein Maschinenstürmer, bin eher fasziniert von den Wundern der Technik. Ich benutze sie ja selbst. Nein, ich will nicht auf Bäumen leben und per Rauchzeichen Nach-richt von mir geben. Ja, ich will modern sein, teilnehmen am »Zeitgeist«, will nicht von Freund und Feind verlassen und als mümmelnder Giftzwerg vergessen werden. Ja, ich will *dabei sein.*

Aber zur selben Zeit will ich Weltzugewandtheit üben, will »sinnlich« sein, will meine Sinne spüren, will ausschließ-lich sein, will mich nicht hinrichten lassen von Nichtigkei-ten (»Lagerfeld lüftet Zopf-Geheimnis!« Stopp! »Prinzessin Victoria zeigt ihre Babykugel!« Stopp! »Spielerfrau ist sauer auf Schweini!« Stopp!), will mich retten vor den Abgründen des Geschwätzes, das die – armselige – Welt der Bimbos und Bimbas (die gibt's in allen Hautfarben) in Atem hält. Immer wenn ich jemanden sehe, der – gelangweilt und lauernd – vor seinem Handy sitzt, würde ich ihn gern fragen: »Wann ist dir zum letzten Mal etwas passiert, das so mitreißend und ergrei-fend war, dass du NICHT unterbrochen werden wolltest?«

Eben ein Ereignis, das sein Leben reicher machte. Etwas Umwerfendes, das ihn erschütterte. Es muss sich um keine Sensation handeln, um kein Bungee-Jumping vom Mont-blanc, keinen Ringkampf mit einem Muskelprotz, keinen nächtlichen Dauerlauf durch den Amazonas-Urwald. Es kann der Blick auf eine Landschaft sein, eine Seite in einem Buch, ja eine Zeile, ein Satz, eine heftige Freude. Etwas, das ihn so einzigartig gefangen hielt, dass er jedes Klingeln seines Mobiltelefons überhört hätte, jedes Piepen einer SMS, ja dass er nichts, absolut nichts anderes in diesem Moment erleben wollte als das, was er gerade lebte.

Was muss über uns kommen, um uns zu fesseln? Die Todesangst? Ist der Mensch dann vorhanden, endlich? Muss tatsächlich der Tod her, um uns an das Leben, das ja nur *ein* Mal stattfindet, zu erinnern?

Ich beobachte gern Leute, die reisen. Mich interessiert, wie sie sich bewegen. Und immer fasziniert mich die eine oder der andere, die ich nachahmen will. Weil sie nicht »käuflich« sind, von keiner Zerstreuung. Sie sind mitten in der Welt und vollkommen auf Empfang gestellt. Auf das, was sie aus unmittelbarer Umgebung empfangen. Wie Tiere, die wittern. Das sieht gut aus. Ihre Nähe beruhigt mich, ich beneide sie.

Zur Klärung: Ich habe mich monatelang in einem japanischen Zenkloster herumgetrieben, nur um eines zu lernen: das Hier und Jetzt. Klingt kindlich einfach und ist mit das Schwerste, was man sich vornehmen kann. Den Kopf so zu trainieren, dass er stets gemeinsam mit dem Körper auftritt, zur genau selben Zeit. Das ist eine fulminante Herausforderung. Und wer mit dem Training nie aufhört, wird auf wunderliche Weise belohnt. Mit etwas ganz Unspektakulärem, das in jeder Sekunde seine Wahrnehmung intensiviert: Er wird mit Welternst und Leichtigkeit sein Leben angehen.

Albert Einstein — schon wieder er, aber der Alte ist einfach siebengescheit — wurde einmal gefragt, was ihn denn anfeuere, und der 74-Jährige antwortete ohne Zaudern: »Das unwiderstehliche Bedürfnis, dem täglichen Leben zu entrinnen, seiner schmerzhaften Oberflächlichkeit, seiner trostlosen Monotonie.«

Nochmals zum Stichwort Todesangst. Als am 26. Dezember 2004 der Tsunami über Südostasien hereinbrach, war ich in Thailand. Kaum hatte ich von dem Desaster erfahren, fuhr ich zur Küste an der Westseite. Wo das Unheil gewütet hatte. Freunde vermuteten dort einen gemeinsamen Bekannten, der sich nicht gemeldet hatte. Ich machte mich auf die Suche. Ich ging an Küstenstreifen entlang, auf denen scheußlich aufgedunsene Leichen lagen, und ich ging in (überfüllte) Krankenhäuser und klopfte an. An einem Dutzend Türen. Wer noch reden konnte, der erzählte mir vom Glück des Davongekommenen. Ob Engländer, ob Deutsche, ob Thai, ob Russen oder Inder, Mann oder Frau. Wie von einer fremden Stimme getrieben, schworen sie sich – sie hatten gerade den Verlust ihrer Nächsten und den haarscharf vereitelten Verlust des eigenen Lebens erfahren –, ja, schworen sich: Alles muss anders werden! Sie meinten damit eine radikale Umkehr, ein Versprechen, dass sie wagemutiger sein wollten, ausschließlicher, weniger verfügbar für den billigen Budenzauber. Sie hätten plötzlich erkannt, so beichteten sie mir, dem Wildfremden, dass sie sich mit so vielen Dingen beschäftigt hatten, die keinem anderen Zweck dienten, als die Zeit, *ihre* Zeit, totzumachen. Wie wunderbar einsichtige Kinder redeten sie. In Sekunden war ihnen – via zwanzig Meter hoher Ozeanwellen – bewusst geworden, wie nachlässig sie mit dem Kostbarsten geschludert hatten, das sie je besaßen, je besitzen würden.

Sie alle verband etwas Gemeinsames: Sie waren als Reisende unterwegs. So schließt sich der Kreis, denn was bietet mehr Chancen für – bisweilen haarsträubende – Intensität, als die Welt zu durchstreifen, die endlose Schatztruhe? Trägt nicht das Unterwegssein ein heimliches Versprechen in sich? Auf dass wir »Dinge« finden, die wir vorher nicht einmal ahnten? Weil wir ihnen nirgendwo anders begegnen als in der (fernen) Wirklichkeit. Die riecht. Die anmacht. Die Angst macht. Die begeistert. Die eben immer wieder, trotz alledem, diese Wogen der Sehnsucht auslöst.

Wüste

Die einen wollen aufs Meer, die anderen – wie ich – in die Wüste. Vielleicht suchen wir dasselbe: Stille, Tiefenschärfe, Konzentration. Warum? Weil die Welt, jenseits der Wüste, am *horror vacui* leidet, dem Grauen vor der Leere. Und wäre sie nicht größer als ein halber Quadratzentimeter.

Um diese Krankheit zu bannen, haben die meisten beschlossen, jede frei stehende Fläche vollzumachen. Unglaublich, was man alles in ein Wohnzimmer türmen kann. Einst betrat ich ein Apartment, in dem sogar das Sofa besetzt war. Nicht von den Sofabesitzern, sondern von achtzehn (in Ziffern: 18) Kissen. Als ich begann, mir einen Platz freizuschaufeln, stellte ich fest, dass es keine andere Fläche in dem Raum gab, um die Stoffballen zu deponieren. Es war eine bestechend symbolische Szene: ja zu Dingen, nein zur Leichtigkeit. Ich setzte mich auf den Boden. Mit angezogenen Beinen. Der Rest war versperrt.

Deshalb die Wüste. Erstaunlich, mit welcher Hingabe man dort in die Endlosigkeit starren will. Dabei den eigenen Herzschlag hören, die winzigen Geräusche der Luft, den Windhauch über den Dünen. Hier kann man meditieren.

Oder kontemplieren. Oder nur sitzen. Nur schauen. Nur die Augen schließen. Wie ein Katalysator treibt die Leere in ein Hochgefühl, diese leichte, friedfertige Trance. Ich bin in diesem Augenblick eben nicht – Himmel, was für ein dümmliches Klischee – das nichtige Sandkorn im Universum, nein, ich fühle mich »ganz«, eher unverwundbar, meiner Existenz sicherer als irgendwo sonst. Auf seltsame Weise beschützt die Wüste. Sie ist melancholisch. Wie in der Nähe von melancholischen Zeitgenossen werde ich milder. Endloses Wasser macht mir Angst, endloser Sand treibt sie mir aus.

Meine Lieblingswüste ist die Sahara. Das war. Denn nun ist das Sanfte verschwunden. Um Platz zu machen für das Gewaltsame. Natürlich, Menschenschmuggel nach Europa gab es schon lange, aber heute ist er zu einer Industrie geworden. Schwarzafrika – ich behaupte das jetzt provokant – hat keine Zukunft. Am genauesten wissen das die Afrikaner, die in Heeresstärke ihre Länder verlassen, um nach Europa zu fliehen. Für ein paar Tausend Euro pro Flüchtling dürfen sich zwanzig Männer und Frauen auf einen Pick-up drängen. Um drei Monate oder drei Jahre – manchen geht das Geld aus und sie müssen jobben – unterwegs zu sein.

Zweites Minus: die Wüste als Transportscheibe für Schmuggelware. Früher kaum störend, doch heute hat sich auch hier die Lage dramatisiert. Schleuste man einst Benzin, Zigaretten, Maschinenpistolen und Haschisch, so wird heute – mit aller Brutalität, die solche Unternehmen mit sich bringen – im großen Stil Kokain verschoben. Per Kamel, per Landrover, per Flugzeug.

Zuletzt das ewig gleiche Problem, die ewig gleiche afrikanische Krankheit: Tribalismus. Sie ist fast so alt wie der Kontinent: bewaffnete Konflikte zwischen ethnisch verschiedenen Gruppen. Um Land, um Leben, um Frauen, um Wasser, um Vieh, um den einen und wahren Herrgott. Dass die Kämpfe an Schärfe gewinnen, liegt an einer unfehlbaren Logik: der dortigen Bevölkerungsexplosion, weltweit unschlagbar. Waren es 1950 etwa 220 Millionen, so werden es hundert Jahre später zwei Milliarden Afrikaner sein. Die heutigen Zahlen, 850 Millionen, bestätigen den Trend.

Doch bedrohlicher als die erwähnten Probleme klingt für Reisende die Nachricht, dass inzwischen El Kaida hier eingezogen ist, unter dem lokalen Firmennamen *AQMI* (*Al-Qaïda au Maghreb islamique*). Radikalislamistische Todesengel, die gern in Blut baden. Wer ihnen als Tourist – und Touristen sind immer weiß und »ungläubig« – in die Hände fällt, hat nichts zu lachen. So gilt das Herz der Sahara heute als unbetretbar.

Die einzig gute Nachricht: Sogar die *Rallye Paris – Dakar* wurde vertrieben. Vollgasdeppen brettern jetzt nicht mehr durch afrikanische Dörfer. Aus Angst, enthauptet zu werden. O.k., ein »von Allah geweihtes Schwert« – benutzt als Guillotine – hätten sie nicht verdient, aber zehn Peitschenhiebe auf ihren arroganten Arsch zweifellos. Auch sie sind Reisende, die Rennfahrer, aber von einer Gebrauchsanweisung für die Welt wollen sie nichts wissen. Sie *gebrauchen* die Welt, korrumpieren mit Koffern voller Scheine die zuständigen Präsidenten-Clans, um – mit Lastwagen (!), Motorrädern und Autos – mitten durch die »Vierte Welt« rasen zu dürfen. Wie Wildsäue – Tote und Verletzte, auch unter den Zuschauern, auch unter Kindern – räuberten sie durch Länder, die von vielem profitieren könnten, nur nicht von Herrenreitern, die noch immer nicht begriffen haben, dass Afrika nicht mehr ihr Leibeigentum ist.

Ich will eine Geschichte erzählen. Eine von Millionen, die in der Sahara geschehen sind. Eine gute. Und die, sobald die religiösen Mordgesellen vertrieben sind, wieder geschehen wird. Nicht als dieselbe, aber eine, die ähnlich klingt. Nach Sehnsucht, *romance* und unvergleichlicher Welt. Wenn ich heute an sie denke, weitet sich mein Herz. So innig begann die Story, so voller Versprechen.

Ich reiste von der Hauptstadt Algier Richtung Süden. Von einer Oase zur nächsten. Als ich in El Golea, irgendwo mittendrin, neben ein paar Dattelpalmen auf den Bus wartete, kam ich mit zwei jungen Frauen ins Gespräch. Sie wollten ebenfalls nach Tamanrasset. Wir vereinbarten, dass sie sich in das Vehikel stürzen und ich mich um das Verstauen unserer Rucksäcke kümmern würde. Die Arbeitsteilung als Maßnahme, um im Gewühl drei Sitzplätze zu beschlagnahmen. Das funktionierte, bei der Abfahrt belegten wir die hinterste Bank, den aussichtsreichsten Platz. Als der Beifahrer kam, um das Fahrgeld zu kassieren, sah ich in seine Augen. Tuareg-Augen. Ich glaube, ich hielt den Atem an, so beneidenswert waren sie. Wie schwarze Glut sprühten sie in die Nacht.

Féline war die Schöne von den beiden Französinnen. Zudem ein warmer, gesprächiger Mensch. Unsere Nähe wurde durch die Tatsache beschleunigt, dass Corinne, ihre Freundin, krank wurde. Noch in der ersten Stunde. Übelkeit, Bauchschmerzen, Durchfall und Erbrechen. Wir richteten die Bank als Liege her und kauerten uns auf den Boden. Féline war stark, keine Silbe Missmut entkam ihr. Wir versorgten die Fiebrige mit kalten Umschlägen, Antibiotika und kühler Luft. Die Algerier blieben gelassen, auch wenn wir jede halbe Stunde um einen Stopp baten. Damit sich die Kranke erlösen konnte.

Nach zwei Nächten erreichten wir In Ecker, 120 Kilometer vor unserem Ziel. Neben einem Palmenhain stellten wir das kleine Zelt auf, den Unterschlupf für Corinne. Als sie eingeschlafen war, setzten Féline und ich uns vor den Eingang und redeten leise, vertraulich. Irgendwann breitete sie ihr Schlafsack-Inlet aus und schlüpfte hinein. Um mir anschließend die Sachen zu reichen, die sie ausgezogen hatte. Fünfzehn Schritt weiter brannte ein Lagerfeuer, um das die Männer saßen, die mit uns unterwegs waren. Vorsicht war geboten. Dann machte sie ein Zeichen, ihr zu folgen. Und ich schlüpfte dazu. Die ersten Minuten wurde es besonders eng, denn wir beide zogen mich aus. Für Hemd und Hose war die Nacht noch immer zu warm.

An einem Ort, an dem das französische Militär noch vor zwanzig Jahren seine unterirdischen Atombombenversuche gezündet hatte, waren wir beide entschlossen, entschieden menschenfreundlichere Dinge zu unternehmen. Wir hörten das Feuer knistern, wir sahen die Saharasterne glitzern, wir flüsterten wie zwei, die genau wussten, dass das »Augenblicksglück« gerade über sie kam. Und wir waren klug genug, es anzunehmen und keine Minute davon zu versäumen. Als ahnten wir, dass so viel Zufall, Funkeln, Wüstennacht, Schönheit und Auserwähltsein nicht dauern würden. Dass sie nur jenen gehörten, die von der Gunst der Stunde wussten. Und ihrer Vergänglichkeit.

Und so geschah es. Am nächsten Morgen schon kam die andere Wirklichkeit zurück: Corinne zog, obwohl noch immer gebeutelt von Krämpfen und Fieber, gegen mich in den Krieg. Den Krieg der Eifersüchtigen. Sie wollte ihre Freundin zurück. Ganz für sich zurück. Und somit galt ich von jetzt als der Feind. Das war umso überraschender, als dass ich mich beharrlich bemüht hatte, ihren desolaten Zustand zu lindern. Ohne Hintergedanken. Einfach, weil es mir selbstverständlich schien.

Aber gegen Blindwütigkeit helfen keine Tatsachen. Auch Félines Vermittlungsversuche scheiterten. Eifersucht, sprich, Macht über einen anderen auszuüben, ist ein hartnäckiges Übel. Albert Camus kam mir in den Sinn, der behauptete, dass es kein Glück gäbe, das kein Unglück über einen anderen brächte. Ich war mir nicht sicher, ob der Satz grundsätzlich stimmte. Aber jetzt stimmte er. Unser Glück, so arglos es auch gewesen sein mochte, war einer Dritten nicht geheuer. Dabei verband die beiden Frauen nichts körperlich Intimes, sie waren bloß enge Freundinnen.

Unsere Liebelei schaffte es noch nach Tamanrasset. Anschließend aber erwies sich Corinne als Kriegerin effizienter als ich als Liebhaber von Féline. Die betrübt war – und mich im Stich ließ. Immerhin konnten wir noch drei heimliche

Stunden in einem Hotelzimmer organisieren. Dann wurde sie schwach und flog mit der Herrischen davon.

Kein Drama folgte, kein Blitz fuhr durch mein Herz. Im Gegenteil, diese Reise – eine meiner ersten monatelangen – war ungemein lehrreich. Ich lernte gleich ein paar Regeln auf einmal. Die erste hatte ich nun verstanden. Sie gilt für jeden, doch für den Reisenden soll sie doppelt zählen: Nimm nur, was man dir schenkt! Ich nahm, was Féline mir »bescherte« hatte. Nie forderte ich. Und ließ los, als sie mit dem Geben aufhörte. Klar, sie fehlte, nachdem ich von ihr wusste. Aber ich wollte sie nicht festhalten, nicht raufen um ihre Gunst. Ich glaube nicht an den Besitz von Frauen (Männern). Vielleicht sind andere gerissener, aber ich will keine »haben« und will niemandem gehören. Wer diese Anweisung – keine Forderungen verlautbaren, nur Geschenke annehmen! – verinnerlicht hat, hat etwas vom Tao des Reisens (und Lebens) verstanden. Wer nicht, der wird seine eigene *Anleitung zum Unglücklichsein* schreiben. Unter Höllenqualen.

Es gab noch ein Nachspiel. Ein Jahr später ging ich nach Paris. Indirekt war Féline dafür verantwortlich, mitverantwortlich. Denn mit ihr hatte ich nur englisch geredet. Und mich bei jedem Satz geärgert, weil ich kein Französisch sprach. Die Wut über meinen Provinzialismus tat mir gut, sie war der letzte Funke, um mich nach Frankreich zu treiben.

Das eben war die zweite Regel, an die mich die Wüste erinnert hatte: Wer reist, wer etwas wissen will von der Welt, der soll reden können: polyglott. Also zog ich um und schindete mich an der *Alliance Française*.

Als ich ein paar Sätze beherrschte, rief ich sie an. Und Féline kam, aus Roubaix. Ich war leicht irritiert, denn die in Afrika noch Ranke war inzwischen weniger rank geworden. (Um es verhalten auszudrücken.) Und, gar unverzeihlich: eine Spur behäbig. Wie sich herausstellte, segelte sie schon Richtung Ehehafen. Ein potenzieller Gatte befand sich bereits in der Warteschleife. Noch unverständlicher, da sie mir unterm strahlenden Firmament von ihrer Zukunft erzählt hatte. Die bewegt sein sollte, eher fern von ihrem Geburtsort, eher neugierig auf das Ferne und Fremde. Nein, schon mit 26 schien sie den Lockrufen einer faden Zufriedenheit zu erliegen. Mitten in einem trostlosen Vorort einer trostlosen Stadt. Als ich sie an der Bushaltestelle in El Golea getroffen hatte, trug sie zwei Leuchtraketen mit sich herum: ihre Jugend und ihre Schönheit. Mit seltsamer Nonchalance hatte sie die zwei inzwischen losgelassen. Sie sprudelte nicht mehr und sie hatte angefangen, ihren Körper zu verraten. »Youth is wasted on youth«, notierte George Bernard Shaw einmal, sprich: Wer jung ist, begreift nicht, dass er jung ist. Er trödelt, er verscherbelt sie. So eine war Féline geworden. Sie tauschte die Welt gegen ein trautes Heim. Ein miserables Geschäft.

Irgendwann, während wir in einem Café Nähe Bastille saßen, fiel mir die dritte Regel für die Gebrauchsanweisung ein. Die letzte, die ich aus der Wüste mitgebracht hatte: Trägheit, sprich, der Kampf gegen sie. Denn plötzlich schoben sich über das Bild von Féline das Gesicht und das Körperprofil von Lunis, dem Busfahrer mit den Diamantaugen. Mit dem ich mich damals mehrere Male unterhalten hatte. Ich bemerkte erst jetzt, dass er nicht gealtert war. Obwohl weit über fünfzig. Natürlich älter geworden, aber nicht auf senile Weise, nicht gezeichnet von den Verwüstungen eines schwunglosen Lebens. Nicht am Leib, nicht zu reden von seinen Augen. Seine klaren, federnden Bewegungen passten wunderbar zu der Weltgegend, in der er sich herumtrieb. Irgendein Geheimnis hatte er der Sahara entrissen. Eines, das ihm Lebensmut gab, das ihn schön und hell wie sie werden ließ. Jeder, der ihm zuschaute, konnte es sehen: Er leuchtete.

Der magische Moment: Indien

Natürlich gehört Indien zu Asien. Für alle, die nie es betreten haben. Aber für jeden, der schon einmal dort war, scheint unwiderlegbar, dass es zu keinem anderen Kontinent passt. Indien ist sein eigener Erdteil. Was den Reichtum an Wahnsinn und Geheimnissen, an Glitzer und Unerklärbarem betrifft, so sieht jedes andere Land daneben wie ein Armenhaus aus. Keines verkraftet mehr Widersprüche, keines zeigt radikaler so viel himmelhoch jauchzende Spiritualität, so viel Glamour, so viel (uns) unbegreifliche Sehnsüchte, so viel bodenloses Vertrauen in das Leben, so viel aberwitzigen Gedankenreichtum. Keiner kann ahnen, was Indien der Welt und dem Weltall schon an Unfassbarkeiten geschenkt hat. Als Schreiber will ich nie aufhören, davon zu künden. Immer wieder. Weil selbst tausend Menschenleben nicht reichten, um all die Wunder aufzuzählen.

So soll jetzt wieder Märchenstunde sein. Sie hat alles, was es braucht, um zwischen Realität und Traum zu schweben. Sie hilft, die Wirklichkeit zu erkennen, und sie hilft beim Träumen, um mit dieser Wirklichkeit fertigzuwerden. Wie jedes wahrhafte Märchen führt es in Zustände, die uns etwas von der Tiefe und der Unbegreiflichkeit des Daseins erkennen lassen. Verführt in eine Stimmung, die Weise für die weiseste halten: Freude, jene unbändige Lust zu leben.

Vorgeschichte: Begonnen hat *Holi*, unser Märchen, vor 3400 Jahren, nein, 5000, nein, 7000 Jahren, also irgendwann vor langer Zeit. Auf jeden Fall kam vor Urzeiten der Schönste aller Götter, Krishna, zur Welt. Das war – so singen die Märchenonkel – in Mathura, heute eine Stadt, etwa 150 Kilometer südlich von Neu-Delhi.

Sogleich dräute Unheil. Ein böser König, bös wie Herodes, hatte sich vorgenommen, jeden Säugling töten zu lassen. Damit keiner ihn vom Thron jage. Als Henkerin engagierte er seine perfide Tante Holika, die er als Amme mit Giftbusen übers Land schickte. Wen immer sie stillte, sie stillte ihn zu Tode. Röchelnd verendeten die Kleinen. Krishna jedoch, das Himmelsbaby, identifizierte rechtzeitig die unheilvolle Brustwarze, biss sie ab und schlürfte dem Racheengel die schwarze Milch aus dem Leib. Ein vollendetes Märchen mit einem klassischen Ende: Die Bösen sind besiegt und das Gute, das Schöne und Helle lebt weiter.

Zu beweisen gibt es nichts. Keine einzige Spur führt zu klaren Antworten. Vielleicht Spurenelemente, der Rest ist Glaube, Imagination und tausendjährige Nacherzählung. Nichts kann mit indischer Phantasie Schritt halten. Alle Behauptungen sind unbeweisbar. Wie belanglos auch. Keines Inders Hingabe zu seinen Göttern hat mit Fakten zu tun. Sie stören eher, sie bremsen. Die Wirklichkeit ist unwirklich. Wahr und wirklich ist das Erfundene, die Magie, das Träumen.

Holi ist im Laufe der Jahrhunderte so vieles geworden: ein Frühlingsfest, eine Erntedankfeier, ein Jahresanfang, ein Sieg des Strahlenden über das Gemeine, ein Liebestrip, ein heiterer Rachefeldzug, eine ganz und gar sinnlos-euphorische Verrücktheit. Das alles muss gefeiert werden.

Ich will vom Höhepunkt dieser Tage berichten. Von Holi als Überflieger, als Adrenalinschock, der einen Flash nach dem anderen durch den Körper feuert. Die Adresse der Orgie: Baldeo, 25 Kilometer von Mathura entfernt. Hier wurde ein Verwandter Krishnas geboren. Diese erfundene Tatsache reicht aus, um drei Stunden pro Jahr den Verstand zu verlieren und teilzuhaben am Leben der Götter, an Krishna und Radha, jener Schönen, der er auf der Flucht vor dem grausigen König begegnete. Und die eine Liebe in ihm zündete wie keine zweite in der Weltgeschichte.

Absurd widersprüchlich fängt es an. Während Lautsprecherstimmen die Menge im brechend überfüllten Tempelhof zu »Ordnung und Respekt« auffordern, zwängen sich Hindupriester mit vollen Eimern durch die Reihen und spendieren jedem Besucher einen Becher *Bhang*, den Zaubertrank aus Cannabisblättern, Milch, Nüssen, Zucker und dem scharfen Kallmirtch-Gewürz. Kostenloses Marihuana von Staats wegen, allein dafür muss man dieses Land lieben. Wir alle trinken. Da ich wie immer empfänglich für Drogen bin, steigt mir – und allen anderen, unübersehbar – der Viertelliter zügig zu Kopf. Und da ich weiß, dass (inoffiziell) Opium beigemischt wurde, schaue ich auf den Sekundenzeiger meiner Uhr und warte gebannt auf den Rausch. Das Wissen, dass ein Rausch bevorsteht, ist fast so schön wie der Rausch selbst. Man fühlt das Zittern der Vorfreude.

Dann plötzlich ein Dutzend Posaunen und Trommeln, die das kindliche Götterpaar ankündigen. Ein zehnjähriger Krishna und eine achtjährige Radha treten als Inkarnation der zwei Weltberühmten auf und nehmen auf der überhöhten Bühne Platz, mittendrin. Das ist das Zeichen, dass wir, das Fußvolk, nun hopsen, tanzen und springen dürfen. Etwa zehn Minuten lang sieht alles noch zivilisiert aus. Solange braucht wohl die Droge, um den Kopf stillzulegen. Dann – wie auf Kommando – ist das Hirn weg und die Fetzen fliegen. Wörtlich. Frauen bespringen Männer, fingern nach dem Hals, dem Kragen, reißen ihn auf, reißen am Hemd. Im selben Augenblick überzieht von den vier umliegenden Dächern eine Kanonade aus Dreck, Schlamm, kaltem Teer, flüssiger Schuhcreme und Kuhdung die Szenerie. Gleichzeitig landet ein Wolkenbruch rot oder blau oder grün gefärbten Wassers auf unseren Köpfen.

Nach einer halben Stunde steht der Hof wadentief unter braungelber Brühe. Sichtweite zwei Meter, manchmal null, da ein Volltreffer lila Pulvers – abgefeuert aus raffiniert umgebauten Fahrradpumpen – die Augen verklebt. Und was nicht von oben kommt, kommt nun von unten. Kübelweise überschüttet jeder jeden mit einer Ladung Morast. Einmal, dreimal, ohne Zahl. Keiner beschwert sich, so ist es eisernes Holi-Gesetz. Ein Tempel als wild brandendes Irrenhaus. Glücksnärrische zucken wie geköpfte Gockel, kippen haltlos ins Wasser, hingestreckt vom Dope, vom Lachen, von dem Bewusstsein wohl, dass es ekstatischer auf Erden gerade nicht werden kann.

Peinigende Sensation aber bleiben die Frauen, jene oft kugelrund geschmeidigen Hausfrauen, die ungebrochen nach den kugelrunden Männern grapschen, irgendwann triumphierend ein heruntergerissenes Hemd in Händen halten, es zu einem nassschweren Lappen rollen und mit schwungvoller Wucht auf die – jetzt nackten – Männerbuckel ausholen. Jeder Rücken ist recht, jeder verdient Buße. Man hört die keuchende Lust der Rächerinnen, es einmal im Jahr den Besserwissern und Rechthabern heimzuzahlen, jenen patriarchalischen Männchen, die sich an den anderen 364 Tagen als Herren der Schöpfung aufspielen. Wiedergutmachung für alle geschluckten Frechheiten. Dennoch beruhigend, dass im heillosen Getöse der Trompeten und der dramatisch simulierten Schmerzensschreie der Männer auch das Gelächter der Frauen unüberhörbar bleibt. Holi ist kein Tag schriller Vergeltung, es ist ein Fest der Verzückung.

Am Ende, nach einem letzten tosenden Kübeltanz, sehen alle aus wie Ferkel, frisch dem Koben entlaufen. Die Männer wie halbnackte Ferkel, die Frauen wie Ferkel in Saris. Wunderbar wahrliches Bild von Himmel und Erde, von Mythos

und Wirklichkeit: Oben auf der Balustrade sitzen goldver-
ziert der schöne (kleine) Krishna und die schöne (kleine)
Radha. Wenn er nicht flötet, tändeln sie mit den Fingerspit-
zen. Jede Weile atmet Liebe. Und vier Meter weiter unten
liegt die Erde, hier stehen die Menschlein, stehen wir, jetzt
still, dreckverspeckt, außer Atem und rettungslos fasziniert
vom Anblick der beiden, von ihrer Schönheit, ihrer Reinheit,
ja der Ewigkeit, die sie versprechen. Ich schließe die Augen.
Damit mir dieses Bild aus einer anderen Welt nicht entgeht.
Dieses Bild aus Indien.

Reisen und Schreiben

Schreiben ist der schönste Beruf der Welt. Ob der Satz stimmt, interessiert mich nicht. Nicht wirklich. Ich empfinde es so. Wenn ich die Mails bedenke, die bei mir eintreffen (mit der Bitte, den angehängten Text an Verleger weiterzuleiten), dann könnte man glauben, dass die Hälfte aller deutschen Schubladen vor Manuskripten überquillt. Unglaublich viele wollen etwas sagen. Schriftlich, schwarz auf weiß.

Schreiben übers Reisen ist allerdings noch schöner. Denn da muss man nicht wie ein Romancier fünf Jahre am selben Ort herumsitzen, nein, man darf vorher, vor dem Hinsetzen, sogar noch die Welt besichtigen. Jetzt sind wir beim Traumberuf. Sagen alle. Und ich sage nicht Nein.

Seltsamerweise hat die Reiseliteratur einen schlechten Ruf. Oft zu Recht. Man fasst nicht, mit wie viel drögen Wörtern manches der einschlägigen Bücher vollgemacht wird. Pipi-Popo-Nachrichten ziehen sich über Seiten, abgestandener Small Talk mit Taxifahrern soll Authentizität vortäuschen, Detailhuber deprimieren mit ganz und gar überflüssigen Details.

Man darf bündelweise weiterblättern, ohne einen Gedanken zu versäumen, von dem man nicht vorher schon gehört hätte. So raubt uns so mancher Autor gleich zwei Dinge: das schöne Geld und unsere – unaufholbare – Lebenszeit.

Andere wissen etwas, aber servieren ihr Wissen wie einen liegengebliebenen McDonald's-Fladen: ohne Sauce (Gefühl), ohne Beilagen (Sprachwitz), ohne Gewürze (Provokation). Interessante Fakten kommen als schriftliches Geleier daher. Nie falsch, nie dumm, aber vom schlimmsten aller Makel geschlagen: von (stilistischer) Langeweile.

Grundsätzlich ist die Vermutung richtig, dass einer, der sich auf eine Reise begibt, die Welt intensiver spürt als einer, der, sagen wir, in Köln-Ehrenfeld eine Autowaschanlage betreibt. Dass ihm ein Leben widerfährt, von dem andere nichts wissen. Und er, der Reisende, deshalb den Wunsch verspürt, darüber zu berichten. Legitimer kann ein Motiv nicht sein. Deshalb entstehen Reportagen, Bücher, Filme, etc. Fast immer aus dem Bedürfnis heraus, dass einer, der »weiß« (na ja, ein bisschen weiß), anderen, die das wissen wollen, davon Nachricht gibt. *To tell a story*: So erzählt er die Geschichte seiner Reise.

Das hundsgemeine Problem dabei: Man muss es können. Der Wille reicht nicht, reicht nie, denn Kunst kommt nicht von wollen, sonst hieße es ja Wulst, sie kommt von *müssen*: Doch wenn einer muss (schreiben!), dann muss er es können. Dieses Talent ist kein Verdienst, es ist ein Geschenk. Von wem auch immer.

Warum sich so viele in etwas – das Schreiben! – verlieben, das diese Liebe nicht erwidert, bleibt ein Rätsel. Solches Tun erinnert an einen Mann, der sich in eine Superschöne, Superkluge verknallt und hartnäckig nicht wahrhaben will, dass sie nicht interessiert ist. Nie ein Auge auf ihn wirft, nie ihn lockt, nicht das Geringste unternimmt, um ihm nahe zu sein. Ein intelligenter Verehrer, einer mit Erkenntnisbereitschaft, wird einsehen, dass man nicht jede haben kann. Und woanders seinen Charme versuchen. Nur die lästigen Männer, jene, die von dem Wahn besessen sind, dass keine an ihnen vorbeikommt, werden nun penetrant die kluge Schöne belästigen.

So ähnlich unser Mann am Schreibtisch (viel mehr Männer als Frauen tun das). Er schreibt und schreibt und hört all das nicht, was ein Begabter hören würde: den Rhythmus, die Musik, die Harmonie, den Swing, den Sinn. Er schreibt – so sagen es die Franzosen – »comme un pied«, wie ein Fuß. So eckig, so linkisch, so ohne Anmut. Er belästigt jetzt die Sprache, stochert wie ein tapsiger Verlobter in seiner Verlobten ungelenk in ihr herum. Dass ihm dabei keine Jubelschreie – weder von der Braut noch vom Leserpublikum – entgegenfliegen, sollte nicht überraschen. Denn man riecht den Schweiß, die fürchterliche Mühsal. Aber genau das ist der springende Punkt. Wir Leser wollen das nicht riechen, nicht sehen, wir wollen Eleganz bewundern, die Leichtigkeit, wollen ein Ergebnis präsentiert bekommen, das uns – auch wenn wir bisweilen dem Autor widersprechen – mit Schönheit und Hintersinn versorgt. Und mit »Lebenshilfe«. Wir wollen keinem zuschauen, wie er den dreifachen Rittberger trainiert, nein, wir wollen den fertigen Rittberger bewundern, das schwerelose Tänzeln, das Schweben. Und wir wollen mit Gedanken beschenkt werden, die uns zu Tränen rühren – Tränen der Freude, der Erkenntnis, des Trostes, des Kummers. Wir lesen und der gewiefte Schreiber führt uns in unsere geheimsten Herzkammern. Wo wir etwas – dank seiner, dank eines Wildfremden – über uns und die Welt begreifen. Zum ersten Mal. Oder wieder begreifen, was längst vergessen scheint.

Leider passiert das oft nicht. Dann werden wir mit Geistesblässe behelligt, mit einem Sack Plattheiten. Wäre ich Diktator (ich kann meine Omnipotenz-Ansprüche nicht lassen), ich würde diesen Schreibtischtätern einen Keuschheits-Handschuh verpassen. Und die Schlüssel in meinem Schlossteich versenken. Damit die Gimpel ein für alle Mal aufhören, Hand ans Wunderlichste zu legen, das wir haben: unsere Sprache.

Zurück zum Hauptpunkt, Reisen und Schreiben. Selbstverständlich: Führt einer für sich unterwegs eine Art Logbuch, dann muss er sich vor niemandem rechtfertigen. Er darf schreiben, wie ihm der Schnabel gewachsen ist. Darf jeden verschluckten Seufzer aufzählen, darf weinen und jauchzen, wann immer ihm danach zumute ist. Weil er weise ist und nicht von der Eitelkeit getrieben wird, sich der Welt mitzuteilen. Er führt ein Zwiegespräch – mit sich. Wie jeder vor ihm spürt er instinktiv, dass der Akt des Notierens ihn besänftigt, ihm hilft beim Lösen (innerer) Konflikte. Oder ihn einfach erheitert und amüsiert. »Alles, was ruhig macht, ist gut«, stand in einem Interview mit Michel Houellebecq zu lesen. Vom Schreiben war die Rede. Wie wahr. Jeder, ob Anfänger oder Vollprofi, kennt diesen fast absurden Vorgang: Man stellt lautlos Buchstaben hintereinander auf und irgendwie – rätselhaft – wird das Herz leichter. Ein »Fahrtenschreiber« auf großer Fahrt – und Reisen kann auf perfide Weise an Leib und Seele zehren – wirkt wie ein Antibiotikum, gegen die Entzündungen im Herzbereich. Funktioniert wie ein Heilkraut, zum Betupfen der Wundstellen.

Vielleicht hilft noch ein Vergleich: Seit Urzeiten ist bewiesen, dass Singen dem Menschen zuträglich ist. Der ganze Körper vibriert, er öffnet sich, er teilt sich mit. Ich singe auch, tatsächlich unter der Dusche. Es klingt ziemlich abartig, macht mich aber sinnenfroh und ausgelassen. Das so Erfreuliche an mir in diesen Augenblicken: Ich will es nicht aufzeichnen, keine Webcam installieren, nichts ins Netz stellen, keine CD brennen lassen, niemandem mit einer Hörprobe zusetzen. Nicht einmal den besten Freunden. Ich bin ein radikal verschwiegener Sänger. Wäre das nicht ein Vorschlag zur Güte für all jene, die so kläglich schreiben, wie ich singe?

Jetzt aber zu den Begabten, die etwas zum Schreiben haben. Jenen, die irgendwo im Hirn über ein Gen verfügen, dessen Ausbeutung ein unbezahlbares Privileg ist. Und da sie »Reiseschriftsteller« werden wollen, haben sie es leichter als andere Verfasser. Denn ihr Arbeitsgebiet ist die Erde und nichts Reicheres, nichts Vielfältigeres scheint sich augenblicklich im

Universum zu bewegen. Ein Romanschriftsteller muss die Welt neu erfinden, muss sich Gefühle, Antworten und Wirklichkeiten ausdenken, aber sie, die Weltreisenden, müssen nur hinschauen und hinhören. Und das Gehörte, das Geschaute in Sprache übersetzen. Indem sie noch einmal – diesmal im Kopf – an die Tatorte zurückkehren.

Jeder weiß es: Talent kann keiner lernen. *He's got it or he ain't.* Aber er (sie) kann es, wenn es denn da ist, »züchten«. Jetzt muss das Besessene ins Spiel kommen, wenn jemand gut werden will. Wirklich gut. Veranlagung allein genügt nicht, hat noch nie genügt. Abermillionen rennen mit einer Begabung durchs Leben, ohne bereit zu sein, sie zu »plündern«, nach ihr zu bohren, nach ihr zu schürfen. Um die Goldkörner zu finden, die sie – die Begabten, die Unermüdlichen – dann als (sprachliche) Perlen dem Leser schenken. Wie formulierte es Charlie Chaplin auf die Frage nach seinem Erfolg? »Ten percent inspiration, ninety percent perspiration.«

Ach, der Scheinheilige, als ob zehn Prozent Eingebung genug für sein Genie gewesen wären. Die ungeschminkte Wahrheit über ihn hätte lauten müssen: »Hundert Prozent Begabung und hundert Prozent Schinderei.«

Nun, keiner von uns kann etwas dafür, dass er von den Göttern nicht so großzügig gesegnet wurde wie Charlie. Aber der Mann sollte jedem Autor Vorbild und Peitsche sein. Damit er nicht anfängt zu schludern. Und der Leser nicht aufhört, mit Vorfreude nach seinem Buch zu greifen. Weil er spürt, dass der Autor all das Seine – elegant verpackt – hineingelegt hat. Seine Einsichten, seine Kämpfe, seine Zweifel, ja viele Tage und Nächte seines Lebens.

So seien noch einige Hinweise erlaubt für jene, die von diesem Beruf träumen und – unabdingbar – die Kraft und die Ausstrahlung dafür haben. Zuerst, grundsätzlich: Nicht überstürzen! Die Statistik beweist, dass ein Schriftsteller umso schneller ausbrennt, je früher er anfing. Muss ein Musiker mit sechs am Klavier sitzen, so kann ein Schreiber vierzig Jahre später mit seinem ersten Text beginnen. Ich habe mich oft gefragt, was 25-Jährige – nach bravem Elternhaus und braver Journalistenschule bei der, sagen wir, superbraven *Oldenburger Sonntagszeitung* gelandet – den Oldenburgern erzählen könnten. Nichts, o. k., fast nichts. Außer brav verfassten Spielberichten über den Kreisligisten VfB Uplengen. Weil die Frischlinge kein ruppiges Leben hinter sich haben, keine Narben, keine Desaster und keine Abstürze, also nichts wissen von der Welt. Und nichts von ihren Bewohnern. Ausnahmen gibt es, klar, aber das sind die Ausnahmen.

So wäre die erste konkrete Regel für jemanden, der die nächste »Gebrauchsanweisung für die Welt« schreiben will: Haus und Hof verlassen und das Weite suchen. Und umgehend nach jenen Ausschau halten, die von den Geheimnissen und Heimlichkeiten, von den Tiefen und Untiefen der menschlichen Seele wissen. Denn nach dieser Nähe kann man sich nicht früh genug auf den Weg machen.

Zweite Regel: sich die Elefantenhaut abziehen, sprich, verwundbarer werden, durchlässiger, ungeschützter. Die Sinne trainieren, die fünf, die sechs, die sieben. Auf Geräusche achten, leiseste Töne wahrnehmen, Pausen hören, geringste Unterschiede bemerken, Körperhaltungen dechiffrieren, Gesichter scannen, Fazit: wie ein Oktopussy durch ein Land reisen und dabei alles mitnehmen, was man in sein Herz und sein Hirn herunterladen kann.

Lobenswerte Schreiber kommen mit einem Bergwerk voller Eindrücke nach Hause. Um daraus eine schlanke, formschöne Statue zu verfertigen, sprich, neunzig Prozent ihrer »Mitbringsel« packen sie nicht aus, will sagen, publizieren sie nicht. Weil sie nicht mitteilenswert sind, weil sie das Publikum nicht interessieren, weil sie, auch das kommt vor, einfach nicht in die Geschichte passen.

Deshalb können Romanschriftsteller keine Reportagen schreiben. Weil sie nicht auf den Punkt kommen. Reportieren – von *reportare*, wörtlich: zurücktragen – ist wie ein Wild-

| 174

pferd zureiten. Wer die Zügel schleifen lässt, schießt über das Ziel hinaus.

Und das Ziel heißt – tausend Mal nein zu dem esoterischen Tinnef »Der Weg ist das Ziel« –, heißt immer: die perfekte Statue, das Schmuckstück, im vorliegenden Fall das Buch, das sich – würde man es laut lesen – wie eine gelungene Komposition anhört, anhören muss. Und den Leser von einem Gefühl ins andere reißt. Von *piano* über *mezzoforte* bis *fortissimo*. Und ganz nebenbei noch seinen Geist bedient. Seit Horaz wissen wir, was geschriebene Sprache soll, eben die heilige Dreifaltigkeit vermitteln, *docere*: unterrichten, *delectare*: erfreuen und *movere*: anrühren. Ins einfache Deutsch übertragen: uns etwas zeigen, uns zum Kichern bringen, unsere Tränen lockermachen.

Ist das nicht ein Wunder menschlicher Erfindungsgabe? Ein paar Seiten Papier voll verschwiegener Buchstaben sind imstande, gleichzeitig stille Einkehr und brausende Stürme hervorzurufen. Kein anderes Medium sieht so unscheinbar aus und birgt gleichzeitig so viele Sprengköpfe. Die hochgehen, sobald man das Ende eines Satzes erreicht hat, ja, einmal als haltloses Gelächter rausplatzen, einmal wie kleine Erleuchtungen blinken, einmal unsere Augen mit Ergriffenheit überschwemmen.

Dritte Regel: Schriftsteller müssen lesen! Angehende Schriftsteller müssen alles lesen! Sprich, nachschauen, wie andere um die Welt reisen. Müssen sich beeindrucken lassen von den Künsten so Verschiedener. Damit sie, die Neulinge, dem Zauberberg Sprache näher rücken. Denn es gibt brillante Beobachter, die wie in einem Bilderbuch über die Ferne berichten – ohne ein einziges Foto herzuzeigen. Der Leser folgt ihnen Zeile für Zeile und hinter seiner Stirn entsteht ein Film. In Breitbildformat. Er liest und geht zeitgleich – wenn er das Buch eines Begabten in Händen hält – ins Kino.

Und natürlich muss er, der Novize, beim Lesen alles Neue abspeichern, es aufschichten in seiner riesigen Registratur.

Im Kopf. Muss die neuen Wörter lernen. Und gehörten sie zu seiner eigenen Muttersprache. Ja, muss Deutsch büffeln. Obwohl er Deutscher ist.

Was immer ein »Beginner« von einem Könner liest: Alles soll ihm als *Anschauungsmaterial* dienen. Damit er seinen Größenwahn mäßigt und sich bezirzen lässt von den Streichen und Metaphern, den Saltos und verspieltesten Schachzügen der Meister. *Demut* wäre ein gelungenes Wort für einen, der anfängt. Und das zweite gelungene wäre *Aufmüpfigkeit*. Damit er eines Tages auf alle gelesenen Wörter pfeift und die eigene Stimme findet. Und *seine* Version von der Welt erzählt. Dann – im Höhenflug – versteht er auch das so anstrengende Wort Demut: Was immer einer kann, verdankt er den vielen anderen vor ihm. Über wild verschlungene Wege.

Der englische Dichter W. H. Auden vergleicht einen angehenden Dichterling, der sich der Poesie verschrieben hat, mit einem Grünschnabel, der sich in eine schier unerreichbare Frau verliebt. Um sie für sich zu gewinnen, so Auden, muss der Jüngling den »galanten Diener« spielen, wochenlang, monatelang, ja Jahre. Muss Päckchen schleppen, immer sofort und widerspruchslos zur Verfügung stehen, Prüfungen und Erniedrigungen ertragen, muss im Regen ihrer harren, muss warten. Aber eines Tages, wenn die Frau, sprich, die Sprache, den Bewerber akzeptiert, weil sie erkannt hat, dass er ihrer würdig ist, dann soll, dann muss er Herr im Haus (der Sprache) sein. Dann endlich gehört er zu jenen, die auf den Zauberberg dürfen. Um nach den eigenen Zaubersprüchen zu suchen.

Fazit: Wer Reisebücher schreiben will, hüte sich vor Journalistenschulen, hüte sich noch energischer, ein Germanistikstudium anzutreten. Denn das hieße gar, einen Literaturfriedhof umzugraben. Die wichtigste Aufgabe all dieser Anstalten scheint, den Hoffnungsvollen den *mainstream* und die Allerweltsregeln zum Verfassen eines »journalistischen Textes« einzubläuen. Ja, ihnen den Eigensinn auszutreiben, ihre besondere Handschrift, ihren originellen Blick auf die Wirklichkeit. *One world, one music, one Blabla.*

Noch ein letztes Wort zum Thema. Gerade bei Reisebüchern geht die Mär um, dass die Texte gespickt sein müssen mit schneidig gewagten Abenteuern. Meistens verwechseln sich die Verfasser mit einem Haudegen, der – na, wo sonst? – »durch die Hölle geht«. Ach, wie hurtig ich dann ermüde. Weil ich merke, dass hier einer im Overdrive schreibt, einer, der nur Höchstmarken anschlägt und bei dem keiner seiner Sätze ohne zwei Superlative auskommt. Vor Kurzem las ich bei einem dieser Recken, dass in seinem Hotelzimmer »der Boden voller Sperma« war. So ungenau kann man beobachten, so salopp die Realität retuschieren.

Stiller Zusatz: Soll ein reisender Autor ruhig über Sex und Eros schreiben. Wenn er das Geschick der diskreten Andeutung beherrscht und weiß – wie in den besseren Filmen –, wo er wegblenden muss. Damit der Leser die Szene weiterspinnen kann. Auch »geil, geil!« – Himmel, was muss man alles goutieren – soll er nicht schreiben. Unser Recke. Auch nicht mithilfe lautmalerischer Vokabeln stöhnen und keuchen. Dafür gibt es Pornos. Da werden ohne Fisimatenten die harten Tatsachen bloßgelegt und vorgeführt. Gut so. Aber nur dort.

Eine Alternative zum Abenteurer und Frauenhelden wäre vielleicht der Vorschlag eines verehrten Kollegen bei der *ZEIT*, der einen Essay darüber schrieb, was eine gute Reportage ausmache. (Und Reisebücher sind ja nichts anderes als lange Reportagen.) Ich zitiere Stefan Willeke wörtlich, denn eindeutiger lässt es sich nicht sagen: »Die besten Reporter sind nicht unbedingt die mit den schnellsten Beinen (…), sondern jene, die aus einer präzisen Beobachtung einen *weiterführenden* Gedanken formen. Es gibt eine Schönheit, die ohne den heißen Atem des gehetzten Berichterstatters auskommt, eine überraschende Schönheit, die in der Sprache ihren Ausdruck findet und ihren Ursprung in der Abweichung vom Trampelpfad.«

Wie fesselnd: Ein Reporter, ein Reiseschriftsteller, schenkt dem Leser einen Gedanken, der ihn zu anderen Gedanken (ver)führt. Er benimmt sich wie ein gewiefter Fremdenführer, der einem Fremden die Fremde erklärt und ihn dabei immer tiefer in die Wunderlichkeiten und Verblüffungen der Welt blicken lässt. Schafft er das nicht nur kraft seines Wissens, sondern auch dank seiner verführerischen Sprache, dann will man ihn, sprich, sein Buch, nicht mehr loslassen.

Schöne Aussichten. Um jedoch zu den Verführern zu gehören, sollte man noch rasch den einfachen Satz eines Weltmeisters einpacken, einen von Hemingway. Auf die Frage, wie lange es dauert, bis man das kann, das Schreiben, meinte er trocken und virtuos dramatisch: »Ein Leben lang.«

Gefahr, Angst und Gewalt

Die schönsten Gefahren sind jene, die man überstanden hat. (Pfiffiger Churchill: »Es gibt nichts Schöneres, als beschossen und nicht getroffen zu werden.«) Weil sie einen daran erinnern, wie verletzbar man ist und wie leicht unser kostbarster Besitz abhandenkommen kann: die Freiheit, der Körper, das ganze Leben. Mit einem Schlag erinnern wir uns hinterher daran, wie einmalig schön es ist, am Leben zu sein, heil, vollständig, frei.

Da wir das zuweilen vergessen, steckt in Gefahren ein ziemlicher Nutzwert. Sie wecken uns wieder auf. Damit wir nicht wie so viele werden, die kein Zwischenruf mehr erreicht: die Zombies, denen man täglich begegnet, stündlich. Mitmenschen, die von Amts wegen als unverstorben gelten, aber in der Wirklichkeit nur noch als scheinlebendig anwesend sind. Lauter Zeitgenossen, die *vor* der Angst vor dem Tod die Angst vor dem Leben erschreckt. Ich habe mich immer gefragt, wie jemand so werden kann. Werden *will*: tot sein, wenn man doch leben könnte. Unergründliches Menschenherz.

Natürlich schnürt man den Rucksack, weil man den *thrill* erfahren will, weil Reisen ganz nebenbei auch Intensität verspricht, ein bisschen Haare-zu-Berge-Stehen, ein paar Schweißausbrüche, ein Paar feuchte Hände. Gut, einige reisen ausschließlich, um sich zu erholen. Oder zu bilden. Oder saubere oder linke Geschäfte zu machen. Aber die brauchen keine Gebrauchsanweisung, die brauchen einschlägiges Material, das sich mit ihrem Thema beschäftigt. Das vorliegende Buch soll eher jenen zugeeignet sein, die den Kitzel verlangen.

Warum strömen jedes Jahr über eine Million Neugierige nach Pamplona, zur Fiesta San Fermín? Um den »Heiligen« anzubeten? Sicher nicht. Um die schöne Altstadt zu besichtigen? Ja, vielleicht. Aber vor allem wollen sie die Stierhatz erleben, wollen hinschauen, ja mitmachen, wenn ein halbes Dutzend Bullen durch die Straßen Richtung Arena getrieben wird. Tausende Besucher rennen vorneweg und riskieren ihre Haut, genießen die Angst, niedergetrampelt und/ oder aufgespießt zu werden. Einen Amerikaner hörte ich einmal sagen, dass er den *rush* erleben wollte. Das kann man mit »Anschwellen«, mit »Ansturm« oder »Hochbetrieb« übersetzen, aber gemeint ist hier nur eins: der wilde Herzschlag, eben die Gefahr zu suchen und das Glück – das unversehrte Davonkommen – zu finden.

Verschafft das Abstottern eines Ford Fiesta einen Adrenalinstoß? Oder bei Aldi zwei Kilo Tomaten zu kaufen? Oder Politikern beim Diskutieren über das Haushaltsbudget zuzuschauen? Oder den Herrn Papst über christlichen Geschlechtsverkehr sülzen zu hören? Oder einen Antrag für Hartz IV auszufüllen? Oder nach Heidi Klums gesammeltem Stuss zu googeln? Nein, nie.

Wie viel Prozent unseres Lebens bestehen aus Routine? (Dieser euphemistische Ausdruck soll herhalten, um das grausige Wort »Langeweile« zu vermeiden.) Wie schnell würden wir Ja rufen, wenn das Leben ab sofort an Temperatur und Rasanz zulegen würde. Doch meist bleibt es beim Träumen. Weil wir wieder einmal begreifen, wie gefangen wir sind: von der Not, Geld zu verdienen, von der Sucht, noch mehr

Geld zu verdienen, von unserem Kleinmut (kleiner Mut!), von unserer Kunst, das Leben auf die Zukunft zu verschieben, von unserer Begabung, der unverzeihlichsten, uns noch immer nicht des Werts unseres Lebens *innezuwerden*. Innen, drinnen, tief in uns.

Vielleicht ist das der Grund, warum Religionen erfunden wurden. Die wiederum ein »second life« erfunden haben. Nachdem wir, hier unten, unsere erste Chance verschlafen haben, dürfen wir anschließend, dort oben, weiterschlafen. Diesmal eine ganze Ewigkeit. »Das Leben«, schrieb der 1937 bei Wien geborene Elazar Benyoëtz, »will belebt, die Seele beseelt, der Geist begeistert werden.« Mich wundert, warum dieser poetische, so sinnfällige Satz so vielen nicht einleuchtet. Das scheint umso rätselhafter, als es doch viel mehr Kraft fordert, das Lauwarme zu ertragen, das »Normale«, den tagtäglichen Hochsicherheitstag (in Deutschland allerdings mit biologischer Vollwertkost). Wie deprimierend muss die Ahnung sein, dass keine weiteren Überraschungen mehr eintreffen. Deshalb klingt es – das Verwelken – so ungemein fordernd: weil eben nichts mehr antreibt, nichts mehr belebt, beseelt und begeistert. Das Leben auf Sparflamme. Statt befeuert zu werden. Von Vielfalt, von Herausforderungen, vom Wissen, wie endlich wir sind.

In Indien sah ich den Hindugott Shiva einmal als *Nataraja* dargestellt, als König des Tanzes. Es hieß, dass er – tanzend – die vier wichtigsten Aspekte allen menschlichen Daseins repräsentiere: *Bewegung, Energie, Lust und Ordnung*. Nein, der Begriff »Ordnung« stört mich keinesfalls. Solange die andere Hälfte des Lebens aus Unordnung, sprich Kreativität und Bereitschaft zum Risiko besteht, kann sie durchaus regulierend wirken. Ich mag *auch* Ordnung, sie befriedigt mein Verlangen nach Übersicht und Klarheit. Immer nur Chaos? Sicher so zermürbend wie ewiglich himmlische Ruh.

Zurück zum Thema, zurück zur Gefahr, Angst, Gewalt. Zur Klarstellung: Auch wenn einer als »Amateur« reist, weil

Ferien sind und er sich eine Sehnsucht erfüllen will, besteht die Möglichkeit, den drei Phänomenen zu begegnen. »Hoffentlich«, merke ich noch roh an. Denn dann lernt einer etwas über den Zustand der Welt, über Frauen und Männer, die es die meiste Zeit nicht so bequem haben wie der Besucher. Weil sie wehrloser leben und somit zwangsweise mit den Fährnissen des Lebens in Berührung kommen.

Reist einer als Profi, in meinem Fall als Reporter, dann wird er der Willkür häufiger begegnen. Weil er ja nicht – um sich von der Journaille zu unterscheiden – über die (angebliche) Cellulite von Salma Hayek berichten will, sondern über einen konfliktreichen Globus. Und Konflikte bedeuten Stress. Wahrscheinlich wollen wir (Schreiber) es nicht anders, denn eine brave Welt hört sich so harmlos an wie die Beichtstunde einer Neunzigjährigen. Und darüber wäre kein Wort zu verlieren. Zudem: Arbeitslos müssten wir uns auch melden. Denn wir nähren uns ja von der Unruhe, der Unbill.

Ich will es gleich loswerden: Ich habe nicht ein Jota Tollkühnheit in mir, habe nicht die geringste Absicht, blindlings mein Leben zu riskieren. Keine einzige Zeile von mir ist es wert, für sie zu sterben. In Tibet band mir ein Mönch einen Baumwollfussel um mein linkes Handgelenk, damit ich, so erklärte er, »nicht den roten Faden des Lebens« verlöre. Elegante Geste: jemanden an das Unersetzlichste zu gemahnen. Aber in meinem Fall war der Aufruf eher überflüssig. Ich habe mir als Reporter – von Anfang an – genau überlegt, ob ich mich auf eine Gefahr einlasse oder nicht. Habe sie »taxiert«, sie vorausgedacht, sie zu Ende bedacht. Und meist den Plan aufgegeben, wenn er zu heiß wurde. Manche zogen sich schneller als ich zurück, manche waren mutiger und gingen weiter. Ein paar von ihnen sind heute tot.

Einer starb aus Versehen, in der Nähe von Johannesburg. Eine Kugel traf ihn, die nicht für ihn bestimmt war. Reines Pech. Ein anderer war im Auftrag eines deutschen Boulevardmagazins unterwegs, um über den Rückzug der Taliban in Afghanistan zu berichten. Und geriet in einen Hinterhalt. Ruhmsucht? Gedankenlosigkeit? Fünf Minuten Abwägen, vorher, hätten ihm sagen müssen, dass die Chancen eins zu nichts standen. Aber er wollte trotzdem mit. Und fiel erschossen vom Panzerwagen. Im Auftrag eines bunten Heftchens, das ihm anschließend einen Nachruf von zehn Zeilen spendierte. Dafür sterben? Als Vierzigjähriger? Ich nicht. Ein Dritter, ein Fotograf, beging Selbstmord. Aus mehreren Gründen. Wegen Drogen und Schulden, aber auch wegen der herzzerreißenden Szenen, mit denen er auf seinen Reisen konfrontiert worden war. Gastod mit 33. Zu viel Gewalt und Angst zu begegnen tut auch nicht gut.

Der amerikanische Reporter Sebastian Junger schreibt in seinem Buch *War. Ein Jahr im Krieg*: »Krieg muss als schlecht gelten, denn im Krieg geschehen zweifellos schlechte Dinge, aber ein Neunzehnjähriger am Abzug eines .50 Maschinengewehrs während eines Feuergefechts, das alle überstehen, erlebt den Krieg als einen so extremen Nervenkitzel, wie sich niemand ihn vorstellen kann. In mancher Hinsicht verschaffen zwanzig Minuten Kampfgeschehen mehr Lebensintensität, als man sie in einem ganzen Dasein zusammenkratzen kann.«

Auch klar, ich schreibe hier keine Kriegsfibel und auch keine Rezeptsammlung, um unverkrüppelt ein Stahlgewitter zu überstehen. Wie denn? Habe ich es doch nicht einmal zum Gefreiten in die Bundeswehr geschafft. Außerdem finde ich die Vorstellung ziemlich anstrengend, nur ein gutes Viertelstündchen lang den Rausch erfahren zu dürfen und die restliche Zeit meines Hierseins rauschlos absitzen zu müssen. Nebenbei fragt man sich natürlich, wie versaut einer sein muss, wenn ihn der ultimative Kick erst dann einholt, wenn er andere auslöscht. Und das nicht einmal, weil er sich dafür entschieden hat, nein, er knallt ab, weil ein »Befehlshaber« ihn dazu auffordert.

Ich muss nicht töten, um mich am Leben zu spüren. Und umgekehrt: Ich will mich auch nicht foltern lassen, um zu

183

wissen, was dabei passiert. Nicht viel, vermute ich, denn ich würde bald singen und alle verraten. Schon wieder tauge ich nicht als Vorbild.

Ich will in diesem Kapitel eher davon reden, dass man den haarsträubenderen Begegnungen nicht grundsätzlich aus dem Weg gehen soll. Sondern sie akzeptieren. Auch sie machen reicher. Konfuzius notierte einst: »Der echte Reisende ist immer ein Landstreicher, mit Freuden und Versuchungen.« Ah, über ein Land streichen und auf freudige Weise versucht werden. Wenn das nicht als Aufforderung wirkt, sich davonzuschleichen, aus der Tristesse der Vorhersehbarkeit. Ist es da nicht fair, im Gegenzug ein wenig Angst und Schrecken auszuhalten? Damit nie – auch nicht auf Erden – zeitlos ewiger Frieden ausbricht. Mit sieben Milliarden Gutmenschen. Die jeden Tag lieb sind, brav sind, von früh bis spät sich streicheln, kuscheln und abends vor der untergehenden Sonne – Händchen haltend und weiß gewandet – frohlocken: »Wir alle sind eins. Du und ich und ich und du, wir alle, alle, allerlei!« Dann doch lieber in den Krieg ziehen.

In der Geschichte der deutschen Sprache gibt es eine interessante Fußnote, die zum Thema passt: Früher war der Lebenskreis auf den Wohnort und die nähere Umgebung beschränkt. Jenseits davon begann das »Ausland« und dort zu sein hieß »elibenti« zu sein. Unser *Elend* stammt von diesem althochdeutschen Wort ab. Auf Reisen ging nur, wer unbedingt musste. Die wenigen »Fernstraßen« waren raue Pisten, und der Wald – damals noch überall – erschien als feindseliger Urwald. Wer dort hineinmusste, fühlte sich »elendiglich«. Reisen hatte einen gefährlichen Beigeschmack.

Nun, dank weltweiter Anstrengungen, unser Leben zu einem Schnullerleben – mit Sicherheitsknöpfen, Sicherheitssteckdosen, Sicherheitsschuhen, Sicherheitsschlössern, Sicherheitsdatenblättern, Sicherheitsbeauftragten, Sicherheitsbedenken, Sicherheitsaufrufen und Sicherheits-Sofortmaßnahmen – kleinzuschrumpfen, wurde der Beigeschmack inzwischen schaler. Für Leute jedoch, die als Erwachsene gern wie Erwachsene aussehen und ohne rutschsichere Strampelhose morgens ihre Wohnung verlassen wollen, gibt es noch ein paar Ecken auf den fünf Kontinenten, die ohne Sicherheits-checkliste und *panic button* hinter jeder Türklinke auskommen. Wie beruhigend.

Wenn ich heute das Dossier durchsehe, in dem ich alle heiklen Momente eingetragen habe, die mir – als ahnungs-losem Reisenden oder als alarmiertem Reporter – begegnet sind, dann überkommen mich verschiedene Gefühle. Zuerst ein Blick in Kategorie A, Stichwort Naivität. Noch jetzt schüttle ich den Kopf über die eigene Ignoranz. Oder den Mangel an Vorstellungsgabe. Ich wäre sicher nicht in diese Situationen hineingegangen, wenn ich weniger sorglos gewe-sen wäre, weniger blauäugiger Hansdampf. Ich war unbedarft, nicht mutig. Aber ich hatte Glück. Dumme, heißt es, haben mehr davon als andere. Dann bin ich gern einer, denn ohne das kommt keiner über die Runden. Nicht der Klügste, nicht der Erfahrenste, auch nicht der, der jeden Atemzug voraus-kalkuliert. Die Wirklichkeit hegt eben Hintergedanken, von denen keiner vorher weiß. Die Glücklosen können davon berichten. Wenn sie es noch können.

Hier eine eher harmlose Geschichte, die böse hätte enden können. Wenn nicht der Zufall – nur ein anderes Wort für Glück – eingegriffen hätte: Frühe Nachtstunde in Kinshasa, damals noch Hauptstadt von Zaire. Ich wollte nur streunen, nur sehen, nur riechen. Aber in einem Land, in dem ein als Präsident wiedergeborenes Raubtier sich vorgenommen hatte, sein Reich leerzuplündern, in einem solchen Land kann man nicht »nur« streunen. Und erst recht nicht mit einer prallen Börse, am Gürtel befestigt. Zur Rechtfertigung meines Idi-otismus könnte ich einzig sagen, dass es nicht denkbar gewe-sen wäre, in einer Unterkunft – auch nicht im feinen *Memling Hotel*, wo ich wohnte – irgendwelche Wertgegenstände zu las-sen. Immerhin hing mein Hemd lose über meiner Reisekasse.

Ich war keine zehn Minuten unterwegs, als ich einen scharfen Zuruf hörte. Ein Soldat trat hinter einer Mauer hervor und wollte wissen, was ich hier zu suchen hätte. Die Frage war so schwachsinnig, wie sich danach zu erkundigen, warum am nächsten Tag Mittwoch sei. Es gab keine Ausgangssperre, ich war mitten in der Stadt, fotografierte keine militärischen Einrichtungen, mein Visum stimmte, ich war also hundert Prozent »rechtens«. Doch nicht in Afrika, nicht in der Nähe von Raubritter Mobutu und seiner Soldateska. Sekunden später standen sechs Mann in voller Kriegsmontur um mich herum. Da sie schlecht und unregelmäßig bezahlt wurden, waren sie hungrig. Auf den Besitz des weißen Mannes. Der Wortführer deutete auf die Ausbuchtung an meiner Hüfte, er wusste Bescheid.

Gegen ein halbes Dutzend Maschinenpistolen gibt es keine Argumente. Nach Hilfe rufen wäre eine komische Idee gewesen, denn afrikanische Innenstädte sind um diese Zeit vollkommen ausgestorben. (Und wer etwas hörte, würde erst recht zu Hause bleiben, aus wohlbegründeter Angst.) Widerstand leisten? So debil war ich dann doch nicht. Davonlaufen? Einer Flintenkugel? Nein, die Chancen standen eine Million zu null, dass ich hier ungeschoren davonkommen würde.

Während ich umständlich am Verschluss des Lederbeutels hantierte (Zeitschinden war mein einziger Impuls) und der Rädelsführer schon ungeduldig mit den Fingern schnappte, um die Bündel entgegenzunehmen, bog ein Wagen auf den *Boulevard du 30 Juin* ein, den Tatort. Und ich trat blitzschnell vom Trottoir (dem Rest eines Trottoirs) auf die Straße und winkte. Vollkommen von der Nutzlosigkeit der Geste überzeugt. Aber ich tat es. Und sofort erkannte ich, dass es sich um ein Diplomatenfahrzeug handelte, an der Standarte auf dem Kotflügel und – Sekunden später – am *Corps-Diplomatique*-Zeichen auf dem Nummernschild. Belgier! Die ehemaligen Kolonialherren, die beispiellos grausam »ihr« *Belgisch-Kongo* ausgebeutet hatten.

Nun, jetzt war keine Zeit, um ein Gerichtsverfahren wegen historischer Schuld zu inszenieren. Ich winkte heftiger und das Wunder fand statt: Der Wagen hielt und gleichzeitig – schon überraschend – nahm die Sechserbande Haltung an. Hinten rechts ging das Fenster herunter und jemand fragte, ob ich nicht einsteigen wolle. Wie in einem hübschen Politthriller. Und ich stieg ein. Mit all meinen 3300 Deutschmark, 2000 US-Dollar und etwa 10 000 Zaire, meinem gesamten Geld für die geplante Reportage.

Ein ranghoher Angestellter der Botschaft war mein Schutzengel. Als *Old Africa Hand* wusste er, ein Blick genügte, dass ich mich in Schwierigkeiten befand. Mobutus Söldner waren jedem, Ausländern wie Zairern, als Ausbund gesetzloser Halunken bekannt. Wie ihr Chef.

Mein Retter, der Ranghohe, blieb diskret, er bat mich nur, den Vorfall nicht gleich beim Frühstück an die Presse zu kabeln. Denn laut offiziellem Protokoll hätte er die Polizei rufen müssen. Als er das sagte, mussten wir beide grinsen. Mit dem erhebenden Gefühl, der Gier anderer entronnen zu sein, erreichte ich mein Hotel. Herzlicher Abschied. Soll keiner sagen, ich wäre nicht doof gewesen und hätte kein Glück gehabt. Aber Adrenalin floss und ich war dankbar.

Natürlich habe ich die Konsequenzen gezogen und ein paar neue Punkte aus der Gebrauchsanweisung fürs Reisen auswendig gelernt. Und sie umgesetzt: mehr Misstrauen, ja doch. Und heller sein. Ich will eben kein *Hans im Glück* aus Grimms Märchen werden, der froh ist, als ihm der letzte Besitz abhandenkommt. So viel Glück ist zu viel des Guten. Ein bisschen Last, Geldscheine zum Beispiel, trage ich gern. Konkret: Ich habe lange nachgedacht, wie man ein so wertvolles Gut in der Kleidung verbergen kann. Selbst vor den habsüchtigsten Händen. Und ließ mit Unterstützung eines begabten Schneiders Schlupflöcher in meine Hosen einnähen, die bis heute von niemandem entdeckt wurden. Und ich bin, die Götter sind Zeuge, schon reichlich oft befingert worden.

Nächster Punkt, Rubrik B: Darunter fallen die Minuten, die mich schwer amüsieren. Weil sie einen Touch Irrsinn enthalten. Auch daran erinnern, wie verrückt die Realität bisweilen spielt, wie schnell sich die Regeln der Logik auflösen und eine Gefahr als herzhaftes Gelächter verpuffen kann. Wie im hintersten Louisiana, als mir – ich war als Reporter unterwegs, spielte aber den tumben Bewunderer – ein Mitglied des Ku-Klux-Klans sein Haifischmesser an die rechte Pulsader hielt und mit lauter Prolostimme fragte: »Do you believe in Adolf Hitler?« Und ich, wunderbar erleichtert, ebenfalls lautstark antwortete: »Yes, I *do* believe in Adolf Hitler!« Und wir anschließend Tränen lachten. Wobei ich noch heute nicht recht verstanden habe, warum Brandon so begeistert reagierte. Aus Freude darüber, einen solchen Fang, einen echten deutschen Nazi – blond und voller Rassenhass – gemacht zu haben? Oder weil er seine Überlegenheit genoss? Keine Ahnung. Ich weiß auch nicht, ob er hineingeschnitten hätte, wenn ich ihm zugerufen hätte, dass er ein hirnkranker Bimbo ist, *a stinky piece of white trash*, aber ich wollte auf Nummer sicher gehen. Denn ich diskutiere nie mit Bewaffneten, ich mache immer das, was sie erwarten. Aber immerhin begriff ich, warum *ich* Tränen der schieren Lebenslust vergoss: Weil wieder einmal klar wurde, wie flugs man unauslotbare Geistesschwäche aushebeln kann. Deshalb mein Eingeständnis, ein Hitlerfan zu sein. Weil ich dann gewiss sein konnte, dass er mich nicht zerstückeln würde. Ja, mich der Mordskerl umgehend zu »his best German friend« erklärte. Nun, auch diese trübe Ehre nahm ich in Kauf. Einfach, weil Brandon mir jetzt vertraute und ich seine verstecktesten (braunen) Träume erfuhr. Und noch etwas habe ich bei ihm gelernt: Fleischgewordene Dummheit kann auch zu Veitstänzen der Seligkeit führen. Das klingt beruhigend, da ihr das nicht oft gelingt. Denn meist will ich mich in ihrer Gegenwart entleiben.

Die Regel fürs Reisen durch die Welt? Schlagfertigkeit üben! Nicht den Edlen aufführen, sondern den Gegner aufs

Glatteis führen! Etwa – im übertragenen Sinne – wie es Aikido vorschlägt, die japanische Kampfkunst: defensiv, dem potenziellen Schläger ausweichen, ihn austricksen und ins Leere laufen lassen. Mit Intelligenz die Brutalität des anderen kaltstellen. Geist gegen Dunkelheit, Hirn gegen Bizeps, ein Ausfallschritt gegen den Vorschlaghammer.

In die dritte Gattung fallen die Um-ein-Haar-Fälle: Bei Punkt C geht es um kalten Schweiß, um nackte Ängste, um Intensitäten, die einen noch lange verfolgen, noch lange in einem nachzittern. Hier Fall eins: Fotograf Rolf Nobel und ich recherchierten über »Gewalt in den Cape Flats«, einem Stadtteil von Kapstadt, der zu den Problemzonen Südafrikas gehörte. Wir erfuhren von unserem Informanten, dass in Manenberg – laut Statistik die gefährlichste Township – ein Polizeieinsatz stattfand. Wir brausten los. Aldino – Ex-Killer (»Ich schwöre, es war Notwehr!«), Ex-Juwelenschmuggler, Ex-Zuchthäusler – hatten wir als Fahrer, *facilitator* (Erleichterer) und Alleswisser angeheuert. Seit einer Woche arbeiteten wir mit ihm. Der zehnfache Vater hatte eine Gangsterehre im Leib, auf die er nachdrücklich Wert legte. Einen Zuverlässigeren als ihn hätten wir nicht finden können.

Ein riesiges Wandgemälde von Tupac Shakur, dem »King of Rap«, gab hier den Ton an. Seine heiseren Aufrufe zum Abschießen aller »enemies« – er selbst war in Las Vegas liquidiert worden – wurden hier gern gehört. Wir waren rechtzeitig zur Stelle. Als wir in die *Manenberg Avenue* einbogen, sahen wir hundert Meter weiter drei *Casspir* stehen, gepanzerte Truppentransporter, eingekeilt von atemlosem Gebrüll. Wir kamen näher und gingen die letzten zwei Blocks zu Fuß. Aldino sollte mit laufendem Motor auf uns warten.

Der nackte Hass kochte, zwei Dutzend Polizisten umzingelten mit gezogener Waffe – Schrotflinten und Pistolen – ein Haus. Und die Bewohner und Nachbarn, weit über hundert, umzingelten die Polizei, brüllten ihnen die Verachtung ins Gesicht, nannten sie »a bunch of monkeys« und »a bunch of assholes«, beschuldigten sie als »corrupt and paid by Staggie«. Wir gehörten ab sofort ebenfalls zu den Arschlöchern, denn sie hielten uns für Vertreter der lokalen Presse, rissen an den Fotoapparaten, glaubten, dass wir für Rashid Staggie recherchierten: um ihn mit Bildern der Anwesenden zu versorgen, als Vorlage für nächste Hinrichtungen.

Was war passiert? Eine Straße weiter waren vor einer knappen Stunde drei Leichen weggeräumt worden. Alle drei gehörten zur hier ansässigen Bande der *Clever Kids*, alle drei waren von der Konkurrenz-Gang der *Hard Livings* – mit Rashid Staggie als Boss – exekutiert worden. Grund des barbarischen Standgerichts: Höchstwahrscheinlich ein *turf fight*, ein Kampf um Straßenzüge, wer wo »Schutzgelder« kassieren durfte. Denn Taxifahrer und Ladenbesitzer mussten zahlen. Um sich davor zu schützen, von ihren Beschützern über den Haufen geschossen zu werden.

Augenblicklich durchsuchte die Polizei die Wohnung mehrerer *Clever Kids* und konfiszierte die Waffen. Deshalb diese schäumende Wut der Anwohner. Sie hielten die Ordnungskräfte für Komplizen der *Hard Livings*, sahen sich um ihre Rache gebracht. Dass ein Teil der Gehassten tatsächlich nichts zur Aufrechterhaltung bürgerlicher Rechtsstaatlichkeit beitrug und vor Korruption stank: wie wahr. Jeden Tag berichteten die Medien darüber. Aber viele stanken nicht. Hier riskierten sie gerade ihr Leben. Denn der Mob rückte näher und schien zu allem bereit. Die Polizisten ließen die Schäferhunde los und luden ihre Pumpguns durch. Als die ersten Verhafteten aus der Wohnung geführt wurden, steigerte sich der Volkszorn zu kreischender Hysterie, erste Schüsse knallten, von beiden Seiten. Drei Handbreit neben dem Fotografen – ich stand immerhin einen Meter weiter weg – schlugen zwei Kugeln ein. Letzter Aufruf, die Flucht anzutreten. Gebückt hinter einem der Panzerwagen, die sich jetzt ebenfalls unter Feuerschutz zurückzogen, schafften wir die ersten fünfzig Meter. Dann rannten wir schreiend und deckungslos Richtung Aldino, der auf uns zuschoss. Sekunden später waren wir aus der Gefahrenzone.

Was jetzt ins Brevier der Weltkunde schreiben? Das: Versuchen, sich einen beweglichen Körper zu bewahren! Um im Bedarfsfall rechtzeitig in eine bleifreie Gegend zu gelangen. Und nebenbei üben: die Albträume aushalten, die sich monatelang wiederholen! Eine Spur genauer gezielt und ich hätte jetzt einen toten Freund mehr. Doch auch die folgenden Empfindungen sind unvermeidlich, nach überstandener Bedrohung: der rauschähnliche Überschwang und gleich anschließend diese geradezu überirdische Dankbarkeit, noch immer zu atmen, noch immer zu fühlen.

Ja, es kommt noch besser: Der euphorischen Lebensfreude folgte eine schöne, fast bodenlose Zufriedenheit. Denn natürlich hatten wir beim Einbiegen in die *Manenberg Avenue* einen Augenblick innegehalten und uns gefragt, ob wir uns das antun wollten. Da Rolf und ich schon öfter in Südafrika unterwegs gewesen waren, wussten wir, wie gemeingefährlich eine solche Situation ausarten konnte. Nach kurzer Bedenkzeit gaben wir wieder Gas, auf den Tatort zu, die Lage schien uns »berechenbar«. Eine Absage – uns eben der Angst vor der eigenen Feigheit zu fügen – wäre unverzeihlich gewesen. Wir wollten nicht peinlich verstummen, wenn wir eines Tages an die Szene erinnert würden. Wir wollten den fiebrigen *Flow* spüren, das sagenhafte Afrika an diesem warmen Februartag.

Eine Gebrauchsanweisung, um mit Gefahr, mit Angst und Gewalt umzugehen? Schwierig, denn jede Situation erfordert eine andere Antwort. Einmal hilft ein klares Wort, einmal saftiges Lügen und Lachen, einmal nur frecher Charme, einmal nichts anderes als Preschen und Stieben, bisweilen List und Hirnschmalz, oft nur ein Glücksstern, manchmal nichts. Ganz sicher hilft nie: eine hochheilige Jungfrau um Beistand bitten, sich Richtung Mekka niederwerfen oder die Stirn an einer Klagemauer wundreiben. Denn Brecht hat es längst unmissverständlich formuliert: »Das Schicksal des Menschen ist der Mensch.« Wo immer wir uns herumtreiben.

So, Reisender, schreibe dir noch den Satz von Mario Vargas Llosa ins Stammbuch: »Solange ich Illusionen und Neugier habe, werde ich nicht aufhören zu leben.« Natürlich gibt es Reisen, die erfüllen, ohne dass man um seine Gesundheit fürchten muss. Und ohne dass Illusionen und Neugier mit Herzversagen bezahlt werden müssen. Jedem seinen Gefahrenquotienten. Der eine verträgt fast nichts, der andere fast alles. Und viele viel mehr, als sie glauben, sich zutrauen zu können. Wie dem auch sei: Keiner darf mit einem 15-Watt-Herz durch die Welt glimmen. Es muss strahlen, muss gleißen, soll wie eine Leuchtspur für andere sichtbar sein. Und was erinnert uns dringlicher daran, dass wir eins haben, dass es heftig schlägt, dass es – jede Sekunde – existiert? Die Welt, was sonst. Wär sie nicht da, gäb's nur ein Loch im Himmel.

Der magische Moment: Südamerika

Der von vielen verehrte »Meister der Reportage«, der Pole Ryszard Kapuscinski*, bemerkte einmal: »Die Reise als Versuch, alles zu erfahren – das Leben, die Welt, sich selbst.« Höher kann man den Anspruch ans Herumkommen nicht schrauben, mehr als alles kann es nicht liefern. Doch das Wort »Versuch« beruhigt, es tönt weniger aufdringlich. Keiner wird je alles erfahren, auch jener nicht, der ein Leben lang 24 Stunden pro Tag unterwegs ist. »The world is always bigger than you«, den Satz las ich bei Mickey Mouse in Orlando. Der stimmt, der stutzt jeden, den muss keiner retuschieren. Der hält eine Ewigkeit.

Die vorletzte Geschichte aus der Sammlung »Magische Momente« geschah in Mexiko. Obwohl das Land geografisch als Teil Nordamerikas gilt, gehört es – bedenkt man die Sprache, die Kultur, die Gesichtszüge, die Konquista – zum Süden des Kontinents, zu Lateinamerika. Natürlich habe ich auch bei dieser Gelegenheit nicht alles erfahren. Aber ich habe – inniger als zuvor – etwas erkannt, das zu den markantesten Spurenelementen eines Menschenlebens gehört. Auf witzige, hitzige, ja brutale Art erkannt.

Diesmal geht es nicht um einen Blick auf eine Landschaft, sondern um die Sicht, die Einsicht, in ein Menschenherz. Ich weiß von keinem Teil im Kosmos, das mich (uns) mehr beschäftigte. Und das sich widersprüchlicher und unfassbarer, grausamer und gütiger aufführte als etwas, das – wenn wir es als Zentrum unserer Empfindungen verstehen – gar nicht existiert. Nicht physisch, nicht sichtbar, nie genau da, wo wir es vermuten. Denn in keinem Röntgenapparat taucht es auf. Es ist etwas vollkommen Unsichtbares, das uns in Atem hält. Wenn das nicht magisch klingt.

Ich recherchierte über *La lucha libre*, die mexikanische Version von *Catch-as-Catch-Can*. Mehr kann ein »Sport« dem Macho nicht bieten: Sieger und Besiegte, Noble und Böse, die Pose prall zuckender Muskeln, die viril fluoreszierenden Pseudonyme, die spitzen Schreie der weiblichen Anhängerinnen, die knallglitzernde Garderobe, ihre geheimnisumflorten Masken, die Show, das Blendwerk, der Mann als kraftspeiender und potenznärrischer Gockel und: eine Sprache, die bei jedem Wort aus den Nähten platzt, so gefräßig und donnernd, so monumental und bombig kommt sie daher.

Dass alles Lug und Trug war, dass jeder Sieg und jede Niederlage vorher – zwischen Bierkanistern in der Garderobe – abgesprochen worden waren, das störte (und wusste) das Volk nicht. So wie es zur Jungfrau von Guadalupe betete, so betete es zu den »luchadores«. Doch die irdischen Götter waren immerhin lustig, pfiffig, draufgängerisch und heldenhaft bereit, sich preiszugeben. Bis aufs Blut aus allen Poren. Die Show war getürkt – aber meisterhaft. Die als »tödlich verfeindete Bestien« angekündigten Preiscatcher – sie trällerten gerade noch ein Lied unter der Männerdusche – waren famos ehrliche Betrüger. Glaube, Liebe, Beschiss. Aber sie rauften, als ginge es um ihr Leben. Und um etwas – in ihren Augen – noch viel Wichtigeres. Das ich erst zuletzt verstand.

Die Geschichte dieser Erfahrung fand während eines Kampfabends in León statt, genau 400 Kilometer nordwestlich von Mexico City. Die Gladiatoren fuhren wie eine Horde heimatloser Barbaren durch die *Arena Isabel*, wurden von knapp Tausend frenetisch bejubelt: fürs Haareraufen, fürs Nasenplätten, fürs Ohrenzerren, fürs Fingerreißen, für Halsquetschen, für Hechtsprünge vom Ringpfosten – mit dem Kopf voraus – mitten in die Magengrube des Widersachers, für Saltos – mit den Füßen voraus – in die gegnerische Visage, fürs Einklemmen – grausam lang – des lästigen Schiedsrichters in den Schwitzkasten, fürs – aufeinander – Stühlezertrümmern, fürs gegenseitige – eimerweise – Überschütten von Spülwasser, fürs – gemeinsam – In-die-Zuschauerreihen-Krachen und zuletzt fürs – den johlenden Fans – Stinkefinger-Zeigen. Für alles das.

Die Besten der Barbaren hatten das, was sie hier einen »hombre con angel« nennen, einen Mann mit Charisma. Das ist einer, der funkelt, der die Massen verführt, sie anbrüllt, sie erniedrigt, sie besänftigt und – das Entscheidende – sie in einen Zustand hochgradiger Erregung peitscht.

Nach dem tobenden Finale, in dem jeder jedem Rache schwor, gingen »El guerrero de las galaxias«, sein Amigo »Super Máquina« und ich essen. Ins *Los Faroleros* auf der anderen Straßenseite: »Die Angeber« hieß die Spelunke und einen besseren Namen hätte es nicht geben können. Riesige Hühnerkeulen mit Pommes frites und die erste Kiste Bier wurden schon auf dem Weg zum Tisch bestellt. Die beiden delirierten noch im Adrenalinrausch der letzten Stunden. Für umgerechnet 45 Euro hatten sie sich ihre Leiber demolieren lassen. Wie glorreiche Halbstarke deuteten sie auf ihre Wundmale, manche noch blutverkrustet: die Kratzspuren, die Stirnbeulen, die ramponierten Knie, die Narben, die fehlenden Zähne, ihre mit blauen und blaugrünen Flecken geschmückte Haut. Und der Schweiß, der noch aus ihren Körpern dampfte.

Die zwei redeten sich ins Paradies: ihre wegen Überfüllung gesperrten Konten. Das Jetten von Metropole zu Metropole. Die Dinners in Nobelrestaurants. Der gerade unterzeichnete

Vertrag für eine Japantournee. Wunderbar sprudelnde Maul-
helden, die auch nicht mehr wussten, wohin mit dem vielfach
verfügbaren und überall lauernden Mädchenfleisch. Letzte,
echte Männer, die nun ihre Stiernacken und Schultern frei-
legten, um auf die Andenken ihrer muskelsüchtigen, leiden-
schaftlich beißenden Verehrerinnen zu deuten. Damen, die
sich – habe ich alles richtig verstanden – an jeder Ecke quer-
legten, um sofort und ausdauernd von schneidiger Mannes-
kraft betäubt zu werden.

Um 1.30 Uhr – drei Stunden, fünf Hähnchen, zwei Kilo
Pommes und insgesamt 37 (siebenunddreißig) Bierflaschen
später – brachen wir auf. Ein Taxi kam, auf meine schma-
len Schultern gestützt torkelten die Titanen hinaus. Ich war
so frei, für die zwei »campeones panamericanos« (in Mexiko
kann man vieles kaufen, auch Titel) die Zeche zu zahlen.
Wie so oft waren sie pleite. Wir fuhren zum Busbahnhof, ich
besorgte die Tickets, eines für die Supermaschine nach Gua-
dalajara, zwei – für den Krieger der Galaxien und mich –
zurück in die Hauptstadt.

Das war ein guter Abend. Ich hatte so vieles verstanden, auch ihre Räuberpistolen, ihre Lust auf Schönsein, ihre
Bereitschaft zum schweißjagenden Bodybuilding, ihren Wahn
nach Machosprüchen und Siegerpose. Irgendwann hatte ich
die beiden – im Brotberuf lausig bezahlte Beamte – gefragt,
warum sie das alles aushalten: die Prügel, die verbeulten
Gesichter, das bisschen Geld, die geschundenen Knochen,
die miserable medizinische Versorgung. Und der Sternenkrie-
ger, dieser Bierkastensäufer und Unverwüstliche, hatte geant-
wortet: „¿Por qué? ¡Porque hay un deseo en mi, un deseo de
ser alguien!« Warum? Weil es da eine Sehnsucht in mir gibt,
eine Sehnsucht, jemand zu sein! Das war ein wunderschöner
Satz, wohl der bestimmendste im Leben dieses 28-Jährigen.
Ganz tief klang er, ganz wahr und wirklich.

Wie nah ich mich den beiden fühlte, ihrer Sehnsucht nach
Glanz im Leben, nach »angel«, nach Wert und Begehrtsein.

196

Seit dem Anfang der Welt ist es da, dieses Sehnen. Und hat seither nicht aufgehört, uns, jeden von uns, zu befeuern: jemand zu sein, jemand, der leuchtet im Meer einer alles auslöschenden Anonymität.

Lange Fahrt. Salvador, so der bürgerliche Name des Kriegers, schlief. Zutraulich an meine linke Seite gelehnt. Als der Bus im Morgengrauen die Ausläufer des Zwanzig-Millionen-Molochs erreichte, strahlten die ersten roten Strahlen über die Baracken der Stadt. Ich vibrierte, vor Glück wohl.

---

* Seit die Biografie »Kapuscinski/Non-Fiction« erschienen ist, nach dem Tod des »Jahrhundertreporters« 2007, verehren wir ihn vielleicht ein bisschen weniger. Der »große Wahrheitssucher« hat, ziemlich häufig, die Wahrheit nicht gefunden und als Märchenonkel fungiert, ja, kam beim Buchschreiben oft ins Trudeln und Fabulieren. Die von seinem Biografen Artur Domoslawski vorgelegten Fakten waren nicht zu widerlegen, wurden – trotz heftigen Aufschrei in Kapuscinskis Heimatland – von einem polnischen (!) Gericht als korrekt anerkannt. Dass der Vielgepriesene lange Jahre mit dem »SB«, dem kommunistischen Geheimdienst, flirtete, lässt ahnen, dass der Titel »Moralist« – auch der schmückte unseren Mann in Warschau – nicht immer mit Moral zu tun haben muss.

Ich notiere das alles ohne größere Erregung, will uns nur sacht daran erinnern, dass Schreiben ein zwiespältiges Geschäft ist und wohl am besten funktioniert, wenn wir Schriftsteller es stramm ablehnen, uns als moralische Anstalt aufzuführen. Wir würden uns nur verheben. Und penetrant langweilen.

Der Abschied

Wer »Anfang« sagt, muss auch »Abschied« sagen. Weil einer schon verloren hat, wenn er von der Ewigkeit träumt. Ewig gibt's nicht, es gibt nur Vergänglichkeit. Das allerdings ist eine ewige Wahrheit. Die einzige. Als ich als Junge bei einer Hochzeit zum ersten Mal den Satz »... bis dass der Tod euch scheidet!« hörte, bin ich erschrocken. Er hat nie, wie bei so vielen anderen, ein romantisches Sehnen in mir ausgelöst. Ich fand die Aussicht erschütternd. Später wurde mir klar, dass man niemandem einen unerträglicheren Spruch fürs Leben mitgeben kann als eine solche Aufforderung: ewig zusammenbleiben, nein, ewig zusammenbleiben müssen! In der spanischen Sprache findet sich ein hinreißendes Wortspiel: »esposar« bedeutet zum einen »heiraten«, zum anderen »Handschellen anlegen«. Schonungsloser kann man es nicht aufzeigen.

Ja, immer ja: Zustände hören auf. *Müssen* aufhören. Weil die *conditio humana* so ist. So hat auch die Liebe ein Ende. Leider. Dramatisch freilich wird es erst, wenn die Beteiligten nicht darauf reagieren. Weil sie weiter per Handschellen aneinandergekettet sind. Statt sich mit Respekt und Umsicht um eine Trennung zu kümmern. Damit sich die Ex-Eheleute –

und jetzt kommt wieder Leben ins Spiel – nach jemandem umsehen können, den sie lieben und begehren, ja, an den sie mit Freude denken können. Klar gibt es Auserwählte, die über Jahrzehnte hinweg die Wärme und Nähe zum anderen retten. Sie sind die Ausnahme, der Rest schleppt die Ehe wie eine Ruine mit sich herum. In einem John-Ford-Film hörte ich einmal den Helden sagen: »Forever is a hell of a long time.« Wobei mir das Wort *hell* das klügste schien. »Ewig« klingt höllisch.

Was zum Teufel hat das alles mit dem Reisen zu tun? Ich gebe zu, der Zusammenhang funktioniert nicht schnurstracks, er geht um ein Eck. Aber dann ist er unübersehbar: Vor nicht langer Zeit begegnete ich wieder einmal dem Vertreter eines Stammes, der mich immer in Erstaunen versetzt: der Stamm der Ewig-Unterwegs. Ich habe Leute getroffen, deren Pass wie eine Ziehharmonika aussah, voll extra eingeklebter Seiten, zugestempelt von vorne bis hinten. Über die Jahre habe ich festgestellt, dass sie zu den geistlosesten aller Reisenden gehören. Sie wollen – ich verallgemeinere, ich weiß – kein Bewusstsein erweitern, auch nicht das Herz. Sie wollen den Rekord. Meist sitzen sie in der weiten Fremde vor ihrem DVD-Player oder spielen Snooker, dabei stets, wenn irgendwie möglich, von ihren Landsleuten umgeben. Damit sie nicht in Versuchung kommen, eine neue Sprache zu lernen. Zur Not schaffen sie ein gehobenes Volkschulenglisch. Sie fühlen sich wie zu Hause, nur noch gemütlicher, denn hier scheint die Sonne.

In den modernen Zeiten twittern diese Helden. In jedem dritten ihrer Tweets steht (die 140 Anschläge reichen längst für das bisschen, was sie zu sagen haben), dass sie jetzt in XY angekommen sind, alles echt cool ist und sie gerade das Visum für ihr hundertdreiundzwanzigstes Land erhalten haben. Das 123.! In siebzehn Wochen! Ich übertreibe schon wieder, aber nicht sehr. Reisen wie Skalpesammeln. Immerhin schneiden sie niemandem mehr die Kopfhaut herunter. Haben die Jäger

Glück, dann landen sie in einer Talkshow. Solche Großtaten sprechen sich herum. Sie talken dann über ihre Rekordjagd. Wie ein germanischer Weiberheld, der kürzlich »In 80 Frauen um die Welt« jettete. (Wie geschmackvoll vom Verlag, die schriftlichen Erbaulichkeiten nicht unter dem Titel »In 80 Mösen um die Welt« anzubieten.) Wie Rocco Siffredi, Europas regsamster Pornostar. Der verkündete, auch im Fernsehen, dass er »Pussys« sammle. Nicht Frauen, nur deren »Tiefgarage« (das Wort fiel in einem seiner Streifen). Bis jetzt, sagt Rocco, der »italienische Hengst«, habe er knapp viertausend Unterleiber kennengelernt.

Schade, dass es keine 4000 Länder gibt, sicher würde sich ein Weltmeister finden, der durch alle gerauscht ist. Wäre ich TV-Mann, ich würde den 4000-Pussy-Mann und den 4000-Länder-Mann einladen. Wir Zuschauer würden zwar nichts über Eros und nichts über die Welt erfahren, aber so viele Geschlechtsteile und so viele Stempel und so viele Rekorde wären sicher ein Quotenhit.

Stichwort Abschied. Es geht noch immer um ihn. Ich meine nicht den Mann-Frau-Abschied, bei dem (künftige) Witwen ihren Kriegshelden nachschauen, wie sie das Panzerschiff besteigen, meine nicht jenen, bei dem Humphrey Bogart am Flughafen von Casablanca – in Hollywood nachgebaut – der bezaubernden Ingrid Bergman zuraunte: »Ich schau dir in die Augen, Kleines.« (Vielleicht der weltberühmteste Abschied.) Ich denke auch nicht darüber nach, ob die Viel-Länder-Protzer je verstehen werden, dass man nichts kapiert von einem Land, wenn man es im 24-Stunden-Rhythmus heimsucht. Egal auch, ob unser römischer Dauersteher je bereit sein wird, eines Tages von seinem frenetischen Reinundraus zu lassen. Ich rede – und das klingt höchst bizarr in einem Buch über das Entdecken der Welt – über den Abschied vom Reisen.

Ich will mich erklären. Denn Nichtmehr-Reisen meine ich nicht. Nie, nimmer. Weil ich das bleiben will, was ich seit

Kindheitstagen bin: ein bekennender Flüchtling. Nein, ich will hier nur behaupten, dass immer reisen so träge machen kann wie nie die eigene Klitsche verlassen. Dass ein Heimweh so wehtun kann wie ein Fernweh. Und dass ein vernunftbegabter Reisender den Zeitpunkt spürt, an dem er umkehren muss. Weil er sich nicht mehr bei jeder Begegnung sagen hören will: »Déjà vu, déjà écouté, déjà senti«, schon gesehen, schon gehört, schon gefühlt! Weil er erkannt hat, dass irgendwann der Tag gekommen ist, an dem er den Weg nach Hause antreten sollte.

Beispiel: Nach vier Monaten in Südamerika, immer *on the road*, immer auf der Suche, immer Sonne oder Wind oder Regen, immer ein Hotelbett, das ganz anders war und doch so austauschbar, immer ein Dutzend Leute fragen, um eine richtige Auskunft zu bekommen, immer früher aufstehen, als dem Leib wohltat, immer, ja immer, seine Siebensachen im Auge behalten, immer wieder Storys hören, die einem (meist) das Herz zerschneiden, immer wieder eine Frau vorbeigehen sehen, die man gern an der Hand genommen hätte (um der Einsamkeit zu entkommen), immer wieder auf eine Welt blicken, deren Anblick an ein Fegefeuer auf Erden erinnert – nach all der Zeit, nach all den langen 120 Tagen und Nächten, kam der Blues, der Reiseblues.

Angefangen bei »Äußerlichkeiten«: Die linkeste Zehe ächzte, ein Backenzahn rumorte, ein Fersendorn kündigte sich an (vom vielen Gehen), der Mac ermüdete. Und die Ohren hingen durch: Ansonsten zügellos hellhörig, waren sie nun faul und schwerhörig geworden. Verstopft vom bisher Gehörten, von den Geschichten menschlicher Glorie und den anderen, voll von unmenschlicher Ruchlosigkeit. Jetzt verweigerten sie die Aufnahme, absolvierten nur noch das Pflichtprogramm. Der Enthusiasmus war hin.

Noch dramatischer erwischte es die Augen. Sie waren blind geworden. Sie sahen und sahen doch nicht, weigerten sich, neue Bilder aufzunehmen. Sie waren vollgeladen wie der digitale Speicher einer Kamera. Doch im Gegensatz zu dem High-techgerät hat das menschliche Hirn keinen Ersatzchip, um das (nächste) belichtete Material aufzunehmen. Auch kann man die (belanglosen) Bilder im Kopf nicht löschen, um Platz zu schaffen. Sie bleiben, wie Sperrmüll. Meine Augen streikten. Noch überraschender: Selbst die »schönen« Anblicke, die zauberischen, wie sie so zahllos auf diesem Kontinent vorkommen, wischten nur noch wie ferne Schatten an mir vorbei. Ich kam mir vor wie ein mit Tonnen von Nahrung Zwangsernährter, den die Angst zu explodieren jagte. Keinen Bissen (Welt) wollte ich mehr. Nur noch verdauen.

Als ich eincheckte, war ich ein glücklicher Mensch. Jetzt begann die Diät. Sie musste sein, denn ich war von der schlimmsten Krankheit geschlagen, die einem Reisenden zustoßen kann: Ich war satt! Hatte keinen Hunger mehr, spürte nicht mehr die Gier nach allem. Die Festplatten meiner fünf Sinne liefen über. Sogar mein Mitgefühl war verschwunden, wie ein unwirscher Zeitgenosse führte ich mich auf. Für einen Schreiber ist das ein doppelt unguter Zustand. Weil er damit die Fähigkeit verlernt, »wahr«-zunehmen, er sich nur noch halbherzig und halbhirnig auf die Wirklichkeit einlässt. Und weil er Monate danach – ganz indiskutabel – ein herzloses, hirnloses Buch abliefern würde.

Exempel: George Rodger, berühmt geworden unter anderem mit seinen Fotos der Nuba-Ringer, betrat April 1945 mit der englischen Armee das Konzentrationslager Bergen-Belsen. Und begann im Auftrag von *Life*, den Tod zu fotografieren, die Skelettmenschen und die Skelettberge. Das Ende einer wahnwitzigen Idee.

Später erzählte Rodger, dass er mitten in seiner Arbeit innehielt, denn ein Schock überkam ihn. Nicht über das Grauen, nein, über ihn, der wie ein kalter Profi nach ästhetisch befriedigenden Perspektiven gesucht hatte, um »gute Bilder« zu schießen. Er erklärte seine Kaltschnäuzigkeit mit der Tatsache, dass er inzwischen zu viel Bestialität gesehen hatte und

»blasé« geworden war (die englische Sprache benutzt das französische Wort). Als Schutzmaßnahme, um sich vor zu viel Barbarei abzuschirmen. Der Schreck fuhr so tief in ihn, dass er seine Karriere als Kriegsfotograf aufgab. Er wollte sein verwüstetes Herz retten. Er fing an, durch den Sudan zu reisen, und entdeckte die schönen Nuba.

Ein Extrembeispiel, dem wir Glücklichen nie ausgesetzt waren. Dennoch, das Zuviel an ununterbrochener Intensität kann – auf Dauer – schaden und sich in sein Gegenteil verkehren. Gerade dann, wenn die Erfahrungen das Zumutbare überschreiten. Deshalb muss der Reisende – um beim Thema zu bleiben – zwischendurch wieder heimkehren. Dort muss er warten, würden die Indianer sagen, bis seine Seele nachgekommen ist. Um wieder ganz zu werden.

In Thailand stieg ich kurz nach der Katastrophe vom 26. Dezember 2004 in einem Küstendorf ab, in dem ein »Hellseher« schon einen nächsten Tsunami vorausgesagt hatte. Die Bevölkerung war in Aufregung, viele verließen den Ort. Da ich noch nie an Propheten geglaubt habe, blieb ich. Natürlich zog kein Sturm über uns hinweg. Wochen später las ich ein Interview mit einem Geologieprofessor, einem anerkannten Wissenschaftler des Landes. Er sagte: »Die Erde muss sich von dem Desaster ausruhen. Sie hat jetzt nicht die Kraft, um sofort wieder mit solcher Heftigkeit zuzuschlagen.« Mir gefiel die metaphorische Erklärung. Selbst der mächtige Planet braucht Erholung, muss stillstehen und sich »besinnen«.

Ich gestehe, nach den vier Monaten Südamerika – oder den vier Monaten Australien oder Asien oder Afrika – habe ich mit einem kleinen hellen Glücksschrei meine Wohnung betreten. Ich war reif. Für vier Wände, die ich nicht schon morgen wieder, um fünf Uhr früh, verlassen musste. Für meinen Futon, der breit genug war, lang genug. Für meine Dusche, in der sich noch nie ein Ungeziefer befunden hatte. »Home is a magic word«, meinte Jack Kerouac, und der hat sich gewiss auch herumgetrieben.

Heimat ist ein wunderbares Wort. Doch »Bleibe« klingt vielleicht noch schöner. Weil es gleich den Zustand ausdrückt: bleiben. Das wäre da, wo man sich beschützt fühlt. Auch nicht zu leugnen: Jeder versteht darunter etwas anderes. Albert Camus notierte einmal, dass es die französische Sprache sei, wo er sich zu Hause fühle. Und George Steiner, der englische *uomo universale*, wird überall da heimisch, »wo meine Schreibmaschine und daneben ein Kaffeehaus steht«. Und Stefan Zweig, der flüchtende Jude, brachte sich im fernen Brasilien um. Auch aus Sehnsucht nach Deutsch und europäischem Geist – eben Heimat. Und würde ich – weder Nobelpreisträger noch gehetzt von einem dramatischen Schicksal – gefragt, warum ich in Paris lebe, dann lautete die Antwort schlicht: Weil es dort schön aussieht! Da Schönheit bekanntlich mit den Gemeinheiten des Lebens versöhnt.

Dazu eine kleine Geschichte. Bei einer Zwischenlandung in London-Heathrow kaufte ich für eine Freundin eine Cartier, so verliebt war ich. Das Modell »Tank«, viereckig, wie in den 30er-Jahren. Die Verkäuferin fragte mich, warum genau diese Uhr. Und ich erzählte ihr, dass ich in Russland bei einer Reportage einen Satz von Dostojewski entdeckt hatte: »Schönheit wird die Welt retten.« Und die Juwelierin konterte clever: »Nicht die Welt, aber mich.« Der Satz ist vielleicht noch weiser. Und so gibt es Leute (wie die 2,2 Millionen Einwohner von Paris), die sich für eine Heimat entschieden haben, deren Anblick sie jeden Tag tröstet. Hinwegtröstet über die Manifestationen der Hässlichkeit, mit der die (modernen) Barbaren so tatkräftig die Welt überziehen. Heimat als Trostpflaster.

Gewiss: Jeden Umtriebigen werden die Gesten der Routine, bisweilen, beruhigen. Der Gang zum Bäcker. Der Weg um drei Ecken ins Kino. Der Freund ein paar Metrostationen weiter. Die Freunde im Quartier. Das warme Gefühl, sich auszukennen, dazuzugehören. Die leise Befriedigung, für jedes Problem eine Telefonnummer parat zu haben. Heimat als ide-

204

ale Gegend, um seine Brennstäbe aufzuladen. Und dabei zu erkennen, wie dankbar man wieder wird. Weil die Wasserhähne funktionieren. Weil kein Abort überquillt. Und weil niemand – auch nicht die chinesische Spitzelpolizei in Lanzhou – um zwei Uhr früh an die Hotelzimmertür pocht und wissen will, ob man mit einem Chinesen (!) im Bett liegt.

Heimat – ich rede jetzt als Europäer – verschafft einem die beschwingende Sicherheit, dass man sich zu jeder Zeit an jeden schmiegen darf (einverstanden sollte der andere sein, das schon). Und dass die Schlaflosigkeit aufhört, weil niemand nachts per Lautsprecher »Allah Akbar« brüllen darf. Und dass man sich, ganz allgemein geredet, weniger intensiv als Heuchler aufführen muss (weil das Weltreich der religiösen Frömmler jeder Couleur bei uns schon längere Zeit in Schranken verwiesen wurde). Und dass man Politiker, »Würdenträger« und alle anderen *talking heads* beschimpfen darf, ohne dafür gesteinigt oder am ersten Laternenpfahl der Hauptstadt aufgehängt zu werden. Und dass man einen Salat essen kann und hinterher nicht – mit Luftanhalten – auf eine Toilette wetzen muss. Und dass man einigermaßen pünktlich ablegt und nicht – wie in Kinshasa passiert – drei Wochen warten muss, weil der Kapitän und seine Bande einen Teil des Schiffsmotors auf dem Schwarzmarkt verkauft hatten. Und dass man nicht von der Überlegung geplagt wird, ob man um 13 Uhr oder – auf Empfehlung des bolivianischen Bankdirektors – erst um 17 Uhr zum Geldwechseln am Schalter vorbeikommen soll (um von der Inflation zu profitieren). Und dass man keine Lebenszeit verschleudert – wie beim Irren durch kubanische Restaurants, die erst wieder »mañana« servieren – bei der Suche nach einem Mittagessen. Und dass man kein gepanschtes Milchpulver bekommt – wie in einer Apotheke in Brasilien –, obwohl man Aspirin verlangt hat. Und dass man nicht in einem Krankenhaus – erlebt in Hinterindien – die eigens aus der Heimat mitgeschleppten Spritzen an das Personal abtreten muss (um gegen Tetanus geimpft und dabei nicht mit der letzten, in einer großen Schuhschachtel gefundenen, Nadel infiziert zu werden). Und dass man nie wieder einen Polizeiverschlag in Khartum verlassen muss, um auf dem Markt ein paar weiße Blätter zu kaufen, die gerade für das Ausstellen einer – völlig unnützen – »Aufenthaltserlaubnis« fehlten.

Heimat tut gut. Für einen Schreiber vielfach gut. Die Steckdose wackelt nicht, der Strom strömt immer, ich muss nicht – Tatort Peru – zwei Tage investieren, um ein gestohlenes Computerkabel zu besorgen, muss nur die fünf Meter vom Futon zum Schreibtisch zurücklegen: um loszulegen, um die Halden meiner Notizen der letzten Reise abzutragen, um mit dem elend schönen, elend anstrengenden Geschäft zu beginnen, die über Monate erfahrene Welt in Worte zu übersetzen.

Das ist, in aller Bescheidenheit, ein herkulisches Unternehmen. Sieben Tage die Woche. Und so singe ich täglich das Lied der Dankbarkeit über die Wohnung in der Heimat. Alles – die Stille, die Lage in einer Sackgasse, das flohfreie Bettzeug, das Treppenhaus ohne Fledermäuse, die zuverlässige Müllabfuhr, ah, die Putzfrau, ah, die Wäschefrau. Alles das und alle sie helfen mir beim Schreiben. Weil ich nur Bergmann sein muss, nur einer, der (fast) nichts anderes tut, als in sein Unbewusstes – das Synonym für Stollen, für Meer, für Unendlichkeit – hinabzusteigen: um mit einer Beute, einem Beutewort, zurückzukehren. Hoffentlich.

Und bin ich jeden Nachmittag fertig, ja fertig, dann muss ich nicht rucksackbehindert und in persönlicher Rekordzeit einem Bus hinterherrennen, der – das staublungenförderliche Katmandu ist mein Zeuge – zu früh (!) abfuhr, sondern packe Zigarillos, Zeitungen und Bücher ein und schlendere in mein Café. Und kein einziger freier Radikale saust. Und kein Dutzend Armseliger mit zwei oder drei übrig gebliebenen Leprafingern stellt sich mir in den Weg. Auch muss ich nirgends den Anblick schwer schuftender Kinder ertragen. Auch pfeift mich kein Polizist zu sich hinüber, um mich zu schröpfen, weil ich – passiert in Mombasa – angeblich zur falschen

Zeit die Straße überquerte. Nein, völlig unbelästigt von den Schrecken und Schreckgespenstern dieser Welt erreiche ich die Terrasse, lächle dem Patron zu, setze mich und darf lesen und rauchen und denken. Mitten in Paris.

Jeder hat seine Gründe, warum er auf Heimat – wo immer sie sein mag, was immer der Mensch darunter versteht – nicht verzichten will. Ob er nun schreibt oder eine Fensterputzerei betreibt oder auf dem Bauernhof seines Vaters wirtschaftet. Wie eine stille Glut, wie ein Teil seiner DNA gehört die Sehnsucht nach ihr zu unserer Seelenlandschaft. Knapp achtzig Prozent der Deutschen sterben in der Gegend, in der sie geboren wurden. (Nun, in meinem Fall werde ich das verhindern. Ich gehöre zu denen, die sich eine neue Heimat gesucht haben, weil sie die alte nicht mehr ertrugen.)

Egal, ob alt oder neu, irgendeinen Ort gibt es, der uns immer wieder an seine Gegenwart erinnert. Wie eine Magnetnadel, die immer nur nach Norden ausschlägt. Wir ahnen, dass er unser Leben reicher macht. »Freundschaft«, schrieb Tucholsky, »klingt wie Heimat.« Liest man den Satz von hinten, stimmt er auch. Wie einen Freund will man sie nicht aus den Augen verlieren, will sie behüten und von ihr behütet werden.

Letztes Beispiel: Nach tagelanger Fahrt durch die Wüste erreichten wir – wir alle auf der Landefläche eines Trucks – Nyala, die Provinzhauptstadt Darfurs. Das Erste, was ich sah, waren abgerissene Kinder und Greise, die über einen Abfallhaufen wimmelten und nach Nahrung suchten. Und Azen, der hier wohnte und mit dem ich mich die letzten Tage über angefreundet hatte, sagte den unfasslichen Satz: »It's a beautiful city, isn't it?« Ein Wüstenloch, geschlagen von allen tausend afrikanischen Sünden. Aber hier lebten die Männer und Frauen, die Azen liebte. Hier musste es schön sein.

Mag alles sein. Und die Hymnen auf das Zuhause könnten ewig weitergehen. Doch irgendwann passiert das gerade noch Unvorstellbare: Der Überdruss kommt zurück. Lang lebe die Heimat, aber jetzt reicht es. Jetzt öffnet sich wieder die Herzkammer, die eine Weile stillhielt, jetzt sprudelt wieder das Fernweh. Und die Heimat nervt. Man kann sie nicht mehr sehen, nicht mehr ertragen. Und die Bäckerin auch nicht. Und nicht die Freunde, nicht den Briefträger, nicht die fette Nachbarin, nicht den Wichtigtuer, der im Hinterhof für die Mülltonnen verantwortlich ist, nicht das Blabla der Handy-Schwadroneure im Café, nicht die zermürbten Visagen, nicht die Voraussehbarkeit, nicht die Abwesenheit von Aufregung, nicht die Reden der Erste-Welt-Menschen, nicht das Wohlstandsgreinen, ja die plötzliche Erkenntnis, dass man auch greint, ja, selbst fürchten muss, vom Keim der Verdrossenheit niedergestreckt zu werden. Lebenslänglich lang. Bis man, ganz faul, ganz tot, liegen bleibt.

Um das zu vereiteln, haben die Götter die Sehnsucht erfunden. Dieses Ziehen im Herzmuskel, diesen Stachel, der uns daran erinnert, dass hinter der Heimat die Welt nicht aufhört.

Ich muss an Shane denken, einen Nordiren, den ich in Australien traf, wohin er in den Siebzigerjahren ausgewandert war. Der ehemalige Elektriker ist ein Lehrmeister an Radikalität. Als ich ihn nach dem Grund für den weiten Weg fragte, meinte er trocken: »Belfast stank mir«, und dann: »das Wetter, der Terror, die ewig gleichen Buddies mit den ewig gleichen Sprüchen.« Klar, Shane ist ein Sonderfall, er rannte davon, er gehörte zu jenen, die mit fliegenden Fahnen die Treue brachen. Um nie mehr zurückzukehren. Oder doch, einmal alle fünf Jahre. Um zu sehen, dass die Zurückgebliebenen »immer noch dort herumstehen, wo ich sie stehen ließ, in den Pubs, den hässlichen Straßen und Häusern«. Und er hat die Lehren gezogen. Denn auch in Australien kann einem das Leben verloren gehen. Im Trubel der Zeit-Totschlag-Industrie. Also verkaufte er eines Tages sein Business und besorgte sich ein Wohnmobil. Um mobil den Kontinent zu durchforsten. Er wollte sich bewegen. Und wieder stillstehen. Und wieder bewegen. Shane hatte so vieles verstanden.

Der Mann ist eines meiner Vorbilder. Damit ich rechtzeitig packe und nicht im Treibsand der Wiederholung versinke. Aber nicht das trostlose Wetter über Nordirland verjagt mich, auch nicht die Furcht vor einer Autobombe. Seit ein paar Jahren peitscht mich eine verbale Stinkbombe nach draußen. Sie ist das Zünglein an der Waage, die letzte Lunte, die fehlt, um mich loszueisen von der Heimat, um das Gesetz der Erdanziehung mit Rigorosität außer Kraft zu setzen: wenn mir das Unwort »Spaß« zu oft begegnet, ja, mir am Ende jeder zweiten Mail »viel Spaß« gewünscht wird. Die vier Buchstaben lösen eine Gefühlsallergie in mir aus. Weil es nicht viele andere Laute gibt, die den Verdacht aufkommen lassen, dass ich mich schon wieder zu lange im Reich des Lauwarmen befinde. Umzingelt von Lauwarmen (und Sprachbehinderten), denen nichts anderes mehr einfällt, als anderen – und sich, so ist zu vermuten – Spaß zu wünschen. Mein Leben als Spaßkanone, als *grinning idiot*, als 08/15-Zweibeiner, der von nichts anderem mehr träumt, als zur Großfamilie der Spaßvögel zu gehören.

Das Deprimierendste: die Mail eines Zeitgenossen, der weiß, dass ich mich in Marsch setze und mir für die Reise – ja, ich will in Tränen ausbrechen – »superviel Spaß« wünscht. Warum wünscht mir der Einfaltspinsel nicht Intensität, nicht einen *thrill* nach dem anderen? Oder blitzgescheite Gedanken? Oder Geldkisten? Oder wahnsinnigen Sex? Oder erschütternde Begegnungen? Oder wilde Freuden? Oder das Glück der Hingabe? Oder die schönsten Himmelsfarben? Oder Zauber? Oder Glücksmomente der Erkenntnis? Oder die Tiefen der Trauer? Der Einsamkeit? Der Mutlosigkeit? Der Sinnlosigkeit? Oder alles zusammen? Warum soll ich – wie er – nur als Flachkopf, als eindimensionaler Zombie, der Welt begegnen? Warum darf nichts anderes mein Innerstes bewegen als die Schmalkost spaßiger Dünnmänner und Dünnfrauen?

Für einen (reisenden) Schriftsteller klingt eine solche Mitgift (Gift!) wie eine Aufforderung zum Pfusch. Denn er muss

99,99 Prozent aller Phänomene, Emotionen und Gedanken, die ihm die Welt schenkt (oder aufbürdet), übersehen, überhören, überfühlen. Nur die 0,01 Prozent bleiben ihm. Sie reichen, um von den Wohlfühloasen zu berichten, in die nur jene dürfen, die sich rastlos wohlfühlen wollen. Die Spaßigen eben, die sich vor der Wirklichkeit schrecken wie der Teufel vor dem Weihwasser.

Die letzten Absätze sollen deshalb einer Frau gelten, deren Mut, Bestimmtheit und Lebensfreude über die Maßen erstaunen. Ihr Empfindungsvermögen lag so unendlich weit weg vom unheilbaren Gegrinse der Spaßguerilla: Linda Norgrove wurde 1974 auf einer Insel der Äußeren Hebriden geboren und mit ihrer Schwester von Eltern großgezogen, die mit den beiden Kindern – wann immer die Mittel es erlaubten – in ferne Länder zogen. Linda fing sogleich Feuer. Schon als Dreizehnjährige sah sie die Wunder und die Wunden dieser Welt, registrierte von Anfang an die Ungereimtheiten und Widersprüche. Sie sah immer beides, also immer alles: allen Reichtum und alle Schändung.

Sie studierte in England und Amerika, fuhr mit dem Rad von Oregon nach Washington, D. C., radelte durch China und Tibet, tauchte, jonglierte, trainierte Pferde, nahm an einem Kamelrennen teil und schloss mit einem Master in »environmental management« ab (und einem PhD in einer anderen Fakultät). Sie wollte die Welt, die Umwelt gestalten. Sie arbeitete in Afrika, in Südamerika und die letzten Jahre in Afghanistan. Dort stand sie bei einem Unternehmen unter Vertrag, das auf »Entwicklungsalternativen« spezialisiert war: Schulen, Infrastruktur, Ausbildung. Mit ihrem persönlichen Schwerpunkt: Unterricht für Mädchen.

Sie war in Jalalabat stationiert, sprach Dari, war überaus beliebt. Während einer Fahrt aufs Land wurde sie von Islamisten entführt. Zwölf Tage später versuchte die amerikanische Armee, die 36-Jährige in einer waghalsigen Nachtaktion zu befreien. Mithilfe der *Navy Seals*, ihrer besttrainierten Soldaten. Der Versuch scheiterte, Linda Norgrove kam dabei ums Leben. Durch »friendly fire«, durch eine fehlgegangene Granate der Befreier.

Bei ihrer Beerdigung auf der Isle of Lewis, wo Linda ihre Kindheit verbracht hatte, sprach ein Freund der Familie davon, dass ihr hier, an der wild verwehten Atlantikküste, »roots and wings« gewachsen waren. Poetischere zwei Worte für diese Frau hätte er nicht finden können: die Wurzeln als Symbol für die Liebe zur Heimat und die Flügel als Inbegriff für die Sehnsucht nach einer unbeschreiblichen Welt.

Ein Nachwort

Als Steve Jobs im Sommer 2005 von der Stanford Universität eingeladen wurde, vor den Hochschulabsolventen eine Rede zu halten, rief er ihnen zuletzt voller Enthusiasmus zu: »Stay hungry, stay foolish!«

PIPER

Andreas Altmann

Das Scheißleben meines Vaters, das Scheißleben meiner Mutter und meine eigene Scheißjugend

256 Seiten. Gebunden

Eine Kindheit der Nachkriegszeit im idyllischen Wallfahrtsort Altötting. Doch die Geschichte, die Andreas Altmann erzählt, handelt weder von Gnade noch von Wundern, sondern von brutaler Gewalt und Schrecken ohne Ende. Schonungslos blickt Altmann zurück: auf einen Vater, der als psychisches Wrack aus dem Krieg kommt und den Sohn bis zur Bewusstlosigkeit prügelt, auf eine Mutter, die zu schwach ist, um den Sohn zu schützen, und auf ein Kind, das um sein Überleben kämpft. Erst als Jugendlichem gelingt Altmann die Flucht. Die schreckliche Erfahrung aber kann ihn nicht brechen. Sie wird vielmehr der Schlüssel für ein Leben jenseits des Opferstatus. Ein Leben, in dem er seine Bestimmung als Reporter findet: »Hätte ich eine liebliche Kindheit verbracht, ich hätte nie zu schreiben begonnen, nie die Welt umrundet ...«

01/1974/01/L

Bereits erschienen:
Gebrauchsanweisung für...

Amerika
von Paul Watzlawick

Amsterdam
von Siggi Weidemann

Argentinien
von Christian Thiele

Barcelona
von Merten Worthmann

Bayern
von Bruno Jonas

Berlin
von Jakob Hein

die Bretagne
von Jochen Schmidt

Brüssel und Flandern
von Siggi Weidemann

Budapest und Ungarn
von Viktor Iro

Burgenland
**von Andreas Weinek und
Martin Weinek**

China
von Kai Strittmatter

Deutschland
von Wolfgang Koydl

Dresden
von Christine von Brühl

Düsseldorf
von Harald Hordych

die Eifel
von Jacques Berndorf

das Elsaß
von Rainer Stephan

England
von Heinz Ohff

Finnland
von Roman Schatz

Frankfurt am Main
von Constanze Kleis

Frankreich
von Johannes Willms

Freiburg und
den Schwarzwald
von Jens Schäfer

den Gardasee
von Rainer Stephan

Griechenland
von Martin Pristl

Hamburg
von Stefan Beuse

Indien
von Ilija Trojanow

Irland
von Ralf Sotscheck

Island
von Kristof Magnusson

Istanbul
von Kai Strittmatter

01/0004/09/R

Italien
von Henning Klüver

Japan
von Andreas Neuenkirchen

Kalifornien
von Heinrich Wefing

Katalonien
von Michael Ebmeyer

Kathmandu und Nepal
**von Christian Kracht
und Eckhart Nickel**

Köln
von Reinhold Neven Du Mont

Leipzig
von Bernd-Lutz Lange

London
von Ronald Reng

Mallorca
von Wolfram Bickerich

Mecklenburg-
Vorpommern und
die Ostseebäder
von Ariane Grundies

Moskau
von Matthias Schepp

München
von Thomas Grasberger

das Münchner
Oktoberfest
von Bruno Jonas

Münster und
das Münsterland
von Jürgen Kehrer

Neapel und die
Amalfi-Küste
von Maria Carmen Morese

Neuseeland
von Joscha Remus

New York
von Verena Lueken

Niederbayern
von Teja Fiedler

Nizza und
die Côte d'Azur
von Jens Rosteck

Norwegen
von Ebba D. Drolshagen

Österreich
von Heinrich Steinfest

Paris
von Stephen Clarke

Peking und Shanghai
von Adrian Geiges

Polen
von Radek Knapp

Portugal
von Eckhart Nickel

Potsdam und
Brandenburg
von Antje Rávic Strubel

01/0005/09/L

Rom
von Birgit Schönau

das Ruhrgebiet
von Peter Erik Hillenbach

Salzburg und
das Salzburger Land
von Adrian Seidelbast

Sardinien
von Henning Klüver

Schottland
von Heinz Ohff

Schwaben
von Anton Hunger

Schweden
von Antje Rávic Strubel

die Schweiz
von Thomas Küng

Sizilien
von Constanze Neumann

Spanien
von Paul Ingendaay

Stuttgart
von Elisabeth Kabatek

Südafrika
von Elke Naters und Sven Lager

Südfrankreich
von Birgit Vanderbeke

Südtirol
von Reinhold Messner

Sylt
von Silke von Bremen

Thailand
von Martin Schacht

Tibet
von Uli Franz

die Toskana
von Barbara Bronnen

Tschechien und Prag
von Jiří Gruša

die Türkei
von Iris Alanyali

Umbrien
von Patricia Clough

die USA
von Adriano Sack

den Vatikan
von Rainer Stephan

Venedig mit Palladio und
den Brenta-Villen
von Dorette Deutsch

Vietnam, Laos
und Kambodscha
von Benjamin Prüfer

Washington
**von Tom Buhrow
und Sabine Stamer**

die Welt
von Andreas Altmann

Wien
von Monika Czernin

PIPER

Ilija Trojanow
Gebrauchsanweisung für Indien

176 Seiten. Gebunden

Schicksalsergebene Fahrradfahrer, altmodische Eselskarren und stinkende Autorikschas; schweißtreibend scharfe Curry-Gerichte und farbenfrohe Feste; Straßen, die sich zur Regenzeit binnen Stunden in reißende Kanäle verwandeln, und High-Tech-Experten, die den Weltmarkt überschwemmen – auch wer noch nie in Indien war, hat schon ein festes Bild im Kopf. Ilija Trojanow, der über sechs Jahre in Indien lebte, sieht genauer hin und begibt sich auf eine vergnügliche Entdeckungsreise in das Land der Widersprüche. Anhand mehrdeutiger Begriffe wie Guru, Tamasha oder Mantra unternimmt der Autor einen erfrischend anderen Streifzug durch den heutigen Alltag zwischen Chutney und Cricket, Armut und Ayurveda, Cybergöttern und Pop-Idolen. Er kennt die Vorzüge indischer Waschmaschinen und weiß um die Vielfalt des Fernsehens, das mehr Programme hat als mancher Hindugott Arme und Beine. Er schlachtet heilige Kühe und andere Klischees – vor allem die der europäischen Wahrnehmung –, wobei er auf unterschiedlichste eigene Erfahrungen zurückgreifen kann: etwa als Gast einer typischen Monsun-Willkommens-Party oder als Nebendarsteller bei einem Bollywood-Film ...

01/1596/01/R

PIPER

Elke Naters & Sven Lager
Gebrauchsanweisung für Südafrika

224 Seiten mit 1 Karte. Gebunden

Der Himmel weit, die Hoffnung groß und das Leben eine Herausforderung: Das ist Südafrika. Ein Land, von zwei Ozeanen umspült, das vor Lebenshunger strotzt und in dem gerade einmal jeder Zehnte weiß ist. Elke Naters und Sven Lager zeigen uns ihre neue Heimat – von Kapstadt über Durban, die Garden Route und verborgene Weintäler bis in die Kalahariwüste, von der Wild Coast über das subtropische Natal bis nach Pretoria und Johannesburg. Sie brettern über sandige Schotterpisten, überwinden abenteuerliche Pässe und lüften die Geheimnisse eines traditionellen Braai. Sie üben Boogieboardsurfen neben Haifischen und suchen im Addo-Park nach Löwen. Sie tauschen sich mit jungen afrikanischen Schriftstellern aus, ergründen die nicht mehr so heilige Welt des ANC und verraten, ob Nelson Mandela tatsächlich eine weiße Putzfrau hat. Und was Fußball mit schwarzem Stolz zu tun hat.

01/1896/01/R

PIPER

Paul Watzlawick
Gebrauchsanweisung für Amerika

Der Klassiker. 160 Seiten mit acht Zeichnungen von Magi
Wechsler. Gebunden

Nehmen Sie nie, wirklich nie die Hand aus der Hosentasche.
Allenfalls zur Begrüßung. Rechnen Sie damit, sowohl von
links als auch von rechts überholt zu werden. Denken Sie bei
Verabredungen stets daran, auf das »a.m.« oder »p.m.« zu
achten. Vergessen Sie bloß Ihre Kreditkarte nicht. Seien Sie
überhaupt kreditwürdig! Drehen Sie immer die Heizung auf
volle Pulle, und schalten Sie gleichzeitig die Klimaanlage ein.
Ziehen Sie am hellichten Tag Vorhänge und Jalousien zu, und
knipsen Sie dann das Licht an. Helfen Sie einer Dame besser
nicht aus dem Mantel. Üben Sie buchstabieren. Machen Sie
sich mit Yards, Zoll und Feet vertraut. Fragen Sie keinesfalls
nach dem Klo – ein Amerikaner geht höchstens mal »to the
bath room«. Seien Sie auch sonst auf einige Tabus gefasst.
Und vertrauen Sie blind Paul Watzlawicks Anleitung, die uns
Amerika seit über 30 Jahren unvergleichlich nahebringt.

01/1221/03/R